SIDNEY BOT[

Além do Microfone

Improvisos de um mestre de cerimônias

Primeira edição da obra Além do Microfone, redigida pelo radialista, jornalista, apresentador, mestre de cerimônias e cerimonialista Sidney Botelho.

São Paulo,

Setembro de 2015.

Copyright© 2015 by Editora Ser Mais Ltda.
Todos os direitos desta edição são reservados à Editora Ser Mais Ltda.

Presidente:
Mauricio Sita

Capa, diagramação e projeto gráfico:
Candido Ferreira Jr.

Foto:
Alexandre DiPaula

Estagiária de Relações Públicas do Autor:
Maysa Botelho

Revisão:
Flávio Guimarães De Luca e Ivani Rezende

Gerente de Projetos:
Gleide Santos

Diretora de Operações:
Alessandra Ksenhuck

Diretora Executiva:
Julyana Rosa

Relacionamento com o cliente:
Claudia Pires

Impressão:
Gráfica Pallotti

Dados Internacionais de Catalogação na Publicação (CIP)
(Câmara Brasileira do Livro, SP, Brasil)

```
Botelho, Sidney
   Além do microfone : improvisos de um mestre de
cerimônias / Sidney Botelho. -- São Paulo :
Editora Ser Mais, 2015.

   ISBN 978-85-63178-90-9

   1. Cerimonial 2. Comunicação pública
3. Etiqueta 4. Eventos especiais - Administração
5. Eventos especiais - Organização e administração
6. Eventos especiais - Planejamento I. Título.

15-10127                              CDD-394.2068
```

Índices para catálogo sistemático:
1. Eventos especiais : Gestão   394.2068

Editora Ser Mais Ltda
Rua Antônio Augusto Covello, 472 – Vila Mariana – São Paulo, SP
CEP 01550-060
Fone/fax: (0**11) 2659-0968
Site: www.editorasermais.com.br e-mail: contato@revistasermais.com.br

Prefácio

Fui honrado pelo Radialista, Jornalista, Apresentador e Mestre de Cerimônias Sidney Botelho com o convite para redigir o PREFÁCIO do seu primeiro livro, que ora o leitor tem em mãos. Escrito por último, mas inserido nas páginas iniciais da obra, o texto prefacial cumpre o desiderato de servir como apresentação ou introdução de um produto editorial, preparando o leitor para aquilo que ele vai encontrar nas páginas seguintes e chamando a atenção para os tópicos mais importantes da obra, para sua relevância e atualidade. Cabe acrescentar que o PREFÁCIO também é o lugar próprio para se consignar as referências ao Autor da obra que, no caso presente, desponta como protagonista virtuoso de um cenário de talento, criação e arte, destinado a iluminar a experiência humana com novas centelhas de luz, de alegria e de esperança.

Tive o privilégio de conhecer Sidney Botelho quando ele começava a se afirmar como Mestre de Cerimônias, no limiar deste terceiro milênio da era cristã. Personalidade marcante, espírito proativo, cultura de autodidata, postura de perfeccionista, dono de um timbre de voz singular – a figura simpática de Sidney Botelho passou a ser inevitavelmente associada ao brilho das cerimônias de Colação de Grau dos Cursos de Graduação da Universidade Presbiteriana Mackenzie – mais de 60 eventos por ano! Deus me concedeu a bênção de poder presidir inúmeras dessas cerimônias, além de assistir a tantas outras, sempre conduzidas pelo mesmo insigne Mestre de Cerimônias, que agora transforma sua inesquecível voz em texto que vem a lume para não ser esquecido! Doravante, neste livro inaugural, impõe-se "que o papel fale e que a língua se cale" (Miguel de Cervantes).

De fato, o livro ALÉM DO MICROFONE vem a público para marcar a passagem de três lustros da bem-sucedida trajetória profissional de Sidney Botelho, e nisso observa-se certa analogia com as celebrações dos 15 anos das debutantes, já que o Mestre de Cerimônias, agora Autor, ingressa na "sociedade dos escritores" como se fosse um despretensioso estreante ou iniciante. Nada mais equivocado que isso, pois a presente obra editorial, ainda que pioneira na biografia de Sidney Botelho, já nasce madura, densa, portadora da "voz da experiência", plena de conteúdo e alcance, que vão "além do depoimento" e que, se necessário, vão "além do script" (em oportunos e criativos adendos), para não dizer o óbvio: o conteúdo e o alcance desta obra, mercê da sua autenticidade, da sua originalidade e da sua intensidade, destinam-se a ir, literalmente, muito "além do microfone"!

Evidentemente, não me atrevo a discorrer sobre os conceitos e categorias utilizados habilmente pelo Autor, nem considero necessário recapitular as análises e críticas bem colocadas por Sidney Botelho, pois o livro foi escrito para ser lido, entendido, interpretado e levado a sério. Enfim, dizia o ator e escritor inglês Peter Ustinov (1921-2004) que "comunicação é a arte de ser entendido", e nessa matéria Sidney Botelho é perito!

Acima de tudo, o livro ALÉM DO MICROFONE é um testemunho eloquente de alguém que começou no rodapé mais modesto da escala profissional e conseguiu galgar uma vasta e diversificada série de degraus ascensionais, mediante o emprego de uma forte intenção, de um esforço sincero, de um rumo inteligente e de um desempenho competente. Essa combinação de fatores, aliada ao aproveitamento de oportunidades, confere a Sidney Botelho as credenciais de autoridade para discorrer com segurança sobre os diversos tipos de públicos, as diversas categorias de eventos e comemorações, as peculiaridades associadas aos múltiplos tipos de celebrações, os riscos e surpresas e sobre os papéis a serem desempenhados pelo Mestre de Cerimônias nos mais variados contextos. São verdadeiras "aulas" de um autêntico "curso" destinado àqueles que têm talento e disciplina, vontade e dedicação.

Como estratégia literária e forma de recurso didático, o Autor construiu seu primoroso texto intercalando *cases* entre os diversos tipos de eventos, de maneira a compartilhar expressivamente com os eventuais "aprendizes" de Mestre de Cerimônia sua vasta experiência, especificamente em situações em que o imprevisto, o acaso, a falha técnica, a intercorrência fortuita de fatores não planejados poderiam conduzir a celebração para o rol dos fracassos, com frustrações pessoais ou insucessos institucionais incomensuráveis! Passadas as tensões do "quase fracasso", as narrativas produzidas pela escrita de Sidney Botelho têm agora o sabor e a beleza das crônicas, para não dizer que são as páginas mais graciosas do livro! Nas palavras do escritor-debutante Sidney Botelho, "o que desejo é que os exemplos sejam para o enriquecimento profissional e cultural." Certamente, serão!

Apresento as minhas sinceras congratulações ao Radialista, Jornalista, Apresentador e Mestre de Cerimônias, agora Escritor Sidney Botelho pela sua estreia no mundo literário. Tenho a firme esperança de que a sua obra possa iluminar caminhos a partir de percursos já trilhados, propor reflexões a partir de possibilidades já testadas e contribuir para que não se incorra nos tipos de fracassos dos que pensaram e nunca fizeram ou dos que fizeram e nunca pensaram.

Parabéns, caríssimo amigo Sidney Botelho! Você é um exemplo a ser seguido! Fazendo contraponto a Miguel de Cervantes, já citado, daqui para a frente, que este livro fale, e que a sua língua não se cale!

Por último, deixo aqui insculpidos versos da autoria de Castro Alves (1847-1871), a propósito da produção e disseminação de livros – novo desafio de Sidney Botelho:

"Oh! Bendito o que semeia
Livros... livros à mão cheia...
E manda o povo pensar!
O livro caindo n'alma
É germe — que faz a palma,
É chuva — que faz o mar."

São Paulo, 13 outubro de 2015.
Prof. Dr. Marcel Mendes
Vice-Reitor da Universidade Presbiteriana Mackenzie.

Sobre o autor

Esta obra é um presente aos estudiosos e interessados na arte do cerimonial.

Mais que informações técnicas "que, como, onde e por que se faz", o autor apresenta, de forma clara e inteligível, diversos conceitos extraídos de sua experiência prática na condução de eventos sociais e corporativos, como mestre de cerimônias e cerimonialista.

Conhecer as regras do cerimonial público ou privado, distinguir as precedências e dar a cada um o tratamento adequado constitui a base de qualquer manual de cerimonial. Porém, o que o autor destaca na obra é o sentimento de despertar no leitor a emoção de realizar os sonhos de seu público. Para isso, descreve o passo a passo de como devem ser encaminhados os roteiros, objetivando não só a constatação "fria" de que "tudo deu certo conforme planejado", mas também a alegria de reconhecer que "conseguimos despertar o melhor das pessoas no evento".

A palavra "encantamento" é a mais apropriada para definir o trabalho de Sidney Botelho. Ao longo de sua trajetória profissional, ele acumulou inúmeras experiências para alicerçar seu conhecimento técnico, tornando-o uma autoridade admirada e respeitada na área de eventos. Logo, ser convidado a escrever a apresentação é uma honra e uma oportunidade de reverenciar os jovens profissionais do cerimonial brasileiro.

Carlos Takahashi
Cerimonialista
(Coordenador do curso de cerimonial público na Assembleia Legislativa do Estado de São Paulo. Chefe do cerimonial da instituição e da Prefeitura de São Paulo).

Sumário

APRESENTAÇÃO 9
A PREPARAÇÃO 17
A ESTREIA - UMA AVENTURA CERIMONIAL 21
MAS O QUE É SER MESTRE DE CERIMÔNIAS? 25
EVENTO FORMATURA 29

    Colação de grau 30
    Casos que precisam ser apreciados e cabem como experiência 48
        Caso 1 - Homenagem póstuma para quem não morreu 49
        Caso 2 - Formando dorminhoco reivindica o canudo que não recebeu 53
        Caso 3 - O dia em que o juramentista foi expulso pelo mestre de cerimônias 58
    Baile de Gala 61
        Caso 4 – O pulo que salvou o evento 68
        Caso 5 – Onde foi parar a banda? 71
        Caso 6 – Vamos fugir deste lugar? 78

EVENTO CORPORATIVO, EMPRESARIAL, SIMPÓSIOS, WORKSHOPS E CONGRESSOS 85
        Caso 7 - Vamos brincar de índio? 94
        Caso 8 - Tenha a honra de fazer o brinde de champanhe 96
        Caso 9 – Sigam o mestre! 103

BAILE DE DEBUTANTE OU FESTA DE 15 ANOS 109
        Caso 10 - A debutante nasce uma hora antes da minha estreia como mestre de cerimônias 123
        Caso 11 - O que vale é o tamanho do coração 126
        Caso 12 - A debutante se tornou a verdadeira Cinderela 129

CASAMENTO 135

    Celebrações tradicionais 137
    O mestre de cerimônias não pode ser o que não é 138
    A minha celebração 141
    Algumas dicas para adequação do roteiro de uma celebração 144
        Caso 13 – A sensibilidade na descrição do amor 145
        Caso 14 - O casamento mais "engraxado" que apresentei 148
        Caso 15 - Constrangimento religioso, congregação e católico 151

CONCLUSÃO 155

APRESENTAÇÃO

"Alô, amigo!" Assim gosto de chamar aqueles que convivem comigo, no meu dia a dia nas redes sociais e também nos meus programas de rádio e televisão. Porém, como em uma cerimônia, utilizo o tradicional "Senhoras e senhores, sejam bem-vindos" ao livro que escrevo esperando que agrade às pessoas que quiserem desfrutar do conhecimento e do aprimoramento técnico de uma profissão tão nobre, Mestre de Cerimônias.

O motivo de sentar para escrever o livro é mostrar que, se posicionar atrás de uma tribuna ou subir em um palco, de qualquer auditório, não é apenas ser mais um anunciador de nomes, mas um intermediador de processos e gentilezas perante diversos tipos de públicos: governantes, militares, empresários, diretores de empresas, reitores de universidades, professores, formandos, noivos, debutantes e pais.

A arte de apresentar se define no amor da ação de ligar a chave do microfone e proferir palavras que ficarão na recordação dos espectadores que acompanharão a cerimônia, presencialmente ou por recursos tecnológicos.

O mestre de cerimônias tem que obter os requisitos básicos para um evento, conhecer os protocolos e processos dos diversos tipos de eventos existentes, indiferentemente de ser o anúncio oficial da posse de um novo presidente da República, uma celebração familiar, a apresentação de um congresso empresarial ou evento corporativo/público.

Sempre me disseram que é fácil ser um mestre de cerimônias. Mas se engana aquele que vê alguém falando no microfone com o timbre de voz bem impostada dando início ao momento mais esperado do evento e apreciando cada frase pronunciada e cada fase do cerimonial. Para chegar ao ideal da profissão, é preciso conhecer os procedimentos dos segmentos que o profissional pretende trabalhar, e isso vale para qualquer área de atuação. Posso afirmar, com propriedade, pois possuo quatro profissões e as exerço com muita qualidade e afinco, sem decepcionar os meus pares.

No começo da profissão, tudo é novidade e o que é visto tem a sua magia. O diferencial vem com o tempo e a experiência, a qual mostra quem se é de verdade e o que realmente almeja para o futuro.

Quando comecei, dividia-me entre a profissão de radialista e a de analista de sistemas. Sendo que, na última, tenho 23 anos de carreira, com passagens em grandes empresas de tecnologia da informação e telecomunicações. Infelizmente, não podia exercer apenas uma profissão, porque o rádio foi desvalorizando pelas péssimas gestões de diretores artísticos das principais emissoras do nosso país.

O rádio não me deu riqueza, porém deu o maior diamante da minha vida profissional, a comunicação. Se não fosse o rádio, não seria o comunicador que sou.

Com a comunicação tomando conta do meu ser, busquei novos ares no segmento de locução e fui me arriscar no mercado de eventos.

Era uma nova carreira, por isso me mantive determinado no foco e sabia que o meu planejamento deveria ser muito minucioso para não atrapalhar nenhuma das minhas carreiras.

Para que pudesse ir para trás de uma tribuna, levei um ano de preparação, período no qual me dediquei a assistir aos meus futuros colegas de profissão, os quais eram profissionais de renome e com ótima aceitação no mercado de eventos.

Em cada evento assistido, sempre estava com o olhar de pura avaliação, pois tinha que aproveitar cada minuto como o último. Avaliei todos os detalhes das apresentações e a forma de se postar dos profissionais perante o público em que se apresentavam.

Hoje posso afirmar que valeu a pena cada cerimônia assistida, pois definiu o meu estilo de atuação. Considero-me polivalente e eclético, em todos os tipos de eventos que apresento diariamente.

Um bom apresentador de eventos precisa ter a noção de que o aprimoramento técnico é fundamental para se manter na ativa, em alto nível, com qualidade diante do rigoroso e disputadíssimo mercado de eventos.

É muito comum encontrar profissional da área de comunicação com interesse no nicho que aumenta continuamente. Porém, da mesma forma que surgem mestres de cerimônias, vemos o mesmo profissional se extinguir com o tempo, por não se preparar adequadamente para a profissão.

Sempre digo nas minhas palestras que o mestre de cerimônias deve ser sensível e amar o que faz, não tendo apenas a ambição de lucrar com a quantidade de eventos, e sim com o reconhecimento de um trabalho eficaz e completo.

A pergunta que sempre faço, antes de começar uma apresentação de qualquer evento é "Como posso agradar ao meu público hoje?" A resposta é complexa, pois o ser humano tem muitas características, as opiniões são rigorosas e as críticas podem gerar desconfiança no seu trabalho e na sua apresentação. Contudo, quando se acerta, você tem um público atencioso e, no popular, "nas suas mãos".

Hoje posso dizer que tenho o respeito de muitas pessoas do ramo e de um público seleto e exigente, que me acompanha em todos os segmentos nos quais me apresento: em uma formatura, em um casamento, em um baile de debutante e (por que não?) em um evento corporativo. Espectadores de diversas classes sociais que, com metodologias e vocabulários diferenciados, sentem-se acolhidos em suas necessidades durante o evento.

Como comunicador que sou, preocupo-me em como o meu ouvinte está recebendo a minha mensagem. Não adianta chegar ao microfone e apenas falar. Cabe-nos ser a voz do evento, da informação e dos sentimentos.

O rádio facilitou minha forma de pensar e de me expressar, principalmente no aprimoramento do improviso que, ao longo dos anos de carreira de mestre de cerimônias, ajudou-me a sair de muitas situações complexas.

O improviso é fundamental para um bom mestre de cerimônias. E, sem desapontá-lo, é algo que se adquire com a prática e o tempo de carreira. Não será de um dia para outro que o profissional ficará fluente na arte de improvisar. Apenas com a teoria, o mestre de cerimônias não será um bom improvisador.

Adquirir cultura e conhecimento é para o desenvolvimento do ser humano em geral. Para o mestre de cerimônias, o conhecimento é fundamental. A leitura constante aprimora o vocabulário do profissional e o torna mais apto a lidar com o público que o ouvirá.

A leitura foi crucial para eu ter liberdade no raciocínio e criar soluções nos momentos mais diversos. Quem me conhece sabe o que estou falando, pois não fui treinado para ler roteiro, e sim interpretá-lo.

Falar é uma arte e, como em qualquer profissão, as ferramentas são úteis para o desenvolvimento. Para o mestre de cerimônias, o instrumento de trabalho é a voz. Sem ela, o brilhantismo não existiria. Por isso, os cuidados com a voz são necessários para se manter ativo nos auditórios da vida. Então, nunca deixe de lado as revisões do seu motor, ou seja, da sua saúde.

Em todo planejamento deve-se separar um momento para se preparar e se cuidar, pois o mestre de cerimônias, como qualquer profissional da voz, precisa de um bom fonoaudiólogo.

Diante de várias ações e planejamentos feitos, o profissional poderá encarar o público, já que terá as técnicas básicas de um apresentador.

Mas faltam detalhes...

E os protocolos? Tema complexo, que precisaria de uma enciclopédia para descrever. Todavia, não é o objetivo do livro. Existem cursos no Brasil e no mundo, em universidades ou escolas específicas. Eu ministro palestras mais técnicas, falando dos protocolos e precedências que devem ser seguidos em um evento. O conhecimento protocolar é essencial para o mestre de cerimônias saber lidar com todos os eventos para os quais for contratado.

Não se deixe levar pela tradicional frase: Vou quebrar o protocolo. A pessoa que profere isso não sabe como ofende as regras dos cerimoniais.

Em um evento, a presença do cerimonialista é complementar para o nosso trabalho e não pode faltar um profissional com tais qualificações para que situações não aconteçam.

Quem respeita as regras são as pessoas que sabem viver em sociedade e não querem levar vantagem com as situações alheias.

Quando tomei a iniciativa de escrever este livro, tive como objetivo servir de apoio para aquele que quer ser realmente um mestre de cerimônias ou se interessa pela arte de cerimoniais, além de permitir que o leitor revise-o constantemente para manter-se atento às circunstâncias inesperadas geradas com a vivência da profissão.

O livro é mais um processo de comemoração dos meus 15 anos nos palcos e nos auditórios, alcançando a marca do meu evento número 3.000. Diante dessa década e meia me apresentando, quero retribuir o que a sociedade me fez. Sou um mestre de cerimônias com muito orgulho.

Vou abranger, portanto, situações que foram vividas ao longo da minha carreira e orientarei você, amigo, sobre quatro tipos de eventos: corporativos e sociais (divididos em casamentos, debutantes e formaturas).

Com o crescimento da quantidade de eventos em nosso país, no qual centenas de congressos ou cerimônias são realizados por dia, temos que atentar que vale sempre a preparação e o conhecimento para atender aos clientes que vivem do entretenimento.

Lembro que muitas vezes valerá a vontade do organizador do evento ou da assessora correspondente, mas cabe ao mestre de cerimônias mostrar o caminho ideal e a dinâmica de cada tipologia. Não se pode deixar acabar a qualidade do evento por vaidades desnecessárias impostas por pessoas que não detêm a experiência do tema.

Aliás, existem muitas vaidades nesse mercado e os profissionais desconhecem a prática e se prendem a teorias não condizentes à realidade. Muitas vezes, alguns profissionais querem agilizar e antecipar as etapas do evento, com o intuito de terminar logo, deixando de lado o prazer da realização profissional.

Vamos ao que realmente interessa. Mas não posso deixar de agradecer a todos que fizeram do meu trabalho o que é. O agradecimento às empresas clientes, universidades parceiras, professores e reitores de universidades, espaços de eventos, organizadores de eventos, equipes de reportagens, músicos, técnicos de som e equipe de apoio em geral.

Os agradecimentos eternos à minha família, que renuncia o lazer nos finais de semana para compartilhar da minha profissão. Aos meus filhos Maysa e Luiz Felipe, que merecem cada esforço dedicado, pois sabem que a minha ausência serve para que possamos comemorar juntos cada conquista. Eu amo a minha família e sou o que sou hoje por causa dela.

À minha mãe Maria Madalena e pai João, que fizeram o possível para eu ser um homem íntegro e respeitado (e posso dizer que conseguiram).

Aos meus irmãos, sobrinhos, cunhados, primos, tios e todos que me incentivam a levar minha profissão.

Aos amigos Marcelo, Márcio e Dema, da Banda Época, que viram minha qualidade e me incentivaram a começar esta belíssima profissão. Além da Débora Santos e Angelina Navalon, pessoas que me contrataram pela primeira vez e me deram outras oportunidades.

Agradecimento especial ao vice-reitor da Universidade Presbiteriana Mackenzie, Dr. Marcel Mendes, que escreveu o prefácio do livro e por quem tenho orgulho por ser um dos grandes educadores do nosso país.

O carinho ao meu amigo Carlos Takahashi, por escrever sobre mim, mas na verdade dando peso no meu livro, diante da sua credibilidade protocolar.

Depois de 15 anos, são muitos os nomes que deveria citar. No entanto, deixarei simbolizado o carinho a todos que acreditam no meu potencial. Sou grato às empresas, aos clientes, aos formandos, aos noivos, aos pais e às debutantes por me permitirem fazer parte de alguns minutos da vida de vocês.

Por fim, o agradecimento a Deus, por me dar os dons da fala e da interpretação.

Sidney Botelho.

A PREPARAÇÃO

O mestre de cerimônias é um profissional que está sempre em evidência e precisa estar preparado para viver intensamente cada momento e cada circunstância do ofício escolhido.

Mas como ser um mestre de cerimônias diferenciado e completo? Não será fácil se tornar um profissional reconhecido e renomado sem esforço e dedicação. É como em todas as profissões: o aprimoramento técnico e o espelhamento em outros profissionais são requisitos básicos para alcançar o respectivo espaço entre os demais colegas da profissão.

Atualmente, não existe um curso específico para se formar um mestre de cerimônias excelente nem ajudar o iniciante a aprender o mínimo para começar a se apresentar nos auditórios e palcos no Brasil e no mundo. Para facilitar a sua vida, vou comentar a minha trajetória de preparação e como cheguei até o momento em que vivo no âmbito profissional.

Eu era muito novo, recém-formado do curso técnico em eletrônica e com uma carreira direcionada à área de telecomunicações. Porém a minha paixão pela comunicação era muito forte e sempre busquei praticar a arte de falar nas oportunidades que me davam ao me emprestarem o microfone para pronunciar algumas palavras.

É curioso o fato de encarar uma nova profissão com pouco conhecimento e uma dificuldade imensa de interpretação e de leitura de textos. Afirmo que não conseguia terminar a leitura de uma frase sem gaguejar.

Com apenas 21 anos e com uma família para criar, cada ação poderia resultar em uma reação destruidora. Eu sabia que não podia errar, e até mesmo o investimento foi muito árduo naquela fase da minha vida.

Busquei meu sonho e me preparei para entrar no curso de locução radiofônica do Senac, que na época era o único oferecido para quem quisesse se tornar um locutor.

Lembro até hoje dos toques dos locutores de rádio César Carvalho (na ocasião, Nativa FM) e Lino Alves (na época, Antena 1), além da Lúcia (professora de interpretação) e Dr. Alfredo (fonoaudiólogo). A unidade era na Lapa, zona oeste de São Paulo.

Foi dado o primeiro passo para a minha carreira de comunicador, mas não imaginava que chegaria a passos tão largos. Por isso digo que "tudo começou quando terminei meu curso técnico de locução radiofônica, em 1997, pelo Senac-SP".

O objetivo, naquele momento, era iniciar o projeto de ser um comunicador famoso e reconhecido no rádio brasileiro. Eu sempre fui apaixonado pela comunicação em AM, pois me habituei a ouvir ídolos como Eli Correa, Paulo Barbosa, Gilberto Barros, Paulo Lopes, Paulinho Boa Pessoa, João Ferreira, dentre outros. O ápice da minha vida, como radialista, foi dividir o microfone com João Ferreira, na Rádio Iguatemi-AM, em 2013.

Afirmo que o rádio, além de ser o meio mais dinâmico de comunicação, é onde conseguimos aprender com mais facilidade a arte de improvisar que, por sinal, é uma qualidade que se aprende com a prática.

Como todo iniciante, fui distribuindo o meu piloto em todas as emissoras de São Paulo, esperando a minha vez chegar. Apareceram alguns trabalhos em pequenas emissoras de rádio, nas quais aproveitava para aprimorar as minhas técnicas de interpretação.

Aliás, o tema interpretação é muito curioso. O locutor precisa saber que os textos possuem sua forma correta de leitura e inovação, para que a mensagem seja reproduzida de maneira adequada e o receptor a compreenda sem que gere dúvidas, aflorando os sentimentos em cada palavra pronunciada.

Procurei me aprimorar fazendo inscrição no curso de teatro, na Escola Macunaíma, para que pudesse ter o melhor desempenho no rádio e no palco, aprendendo aspectos técnicos e teóricos para aprimorar minha carreira de comunicador e apresentador.

Foi um período interessante. Nunca pensei em ser ator, mas me apresentei em seis peças, algumas para conclusão de semestre e duas delas como convidado pelas turmas a fazer parte do elenco e contracenar para as plateias que acompanhavam os futuros atores.

É curioso o rumo da minha carreira, pois não me passava pela cabeça ser um mestre de cerimônias. Porém, com uma voz suave e agradável, as pessoas começaram a me chamar para gravar telemensagens. Foi quando os amigos do estúdio de gravação, que possuíam uma banda de baile, aconselharam-me a encarar o desafio da nova profissão.

Aqui cito a importância da Banda Época para o meu desenvolvimento técnico de apresentador de eventos, pois sou grato eternamente por permitirem que os acompanhassem, aprendendo com os profissionais experientes e conceituados no ramo de formaturas.

A minha rotina mudava gradativamente com a oportunidade oferecida por eles e, assim, seguia o meu objetivo. Foram meses e meses vivenciando os auditórios e salões de festas para assistir a colações de grau, bailes de gala, congressos, casamentos, festas de debutantes, para aprender com os mais experientes e colher os detalhes minuciosos da profissão para que um dia pudesse estrear e expressar o meu potencial nos mesmos lugares nos quais eu era um simples espectador.

Como sou muito perfeccionista com as atividades que executo, tinha a responsabilidade de nunca desapontar aqueles que me davam a oportunidade de assisti-los, no mais popular, "sugando seus conhecimentos e suas técnicas para ser alguém perante muitos profissionais qualificados".

Não me envergonho em dizer que aprendi muito vendo os mais experientes: Amorim Leite, Adilson Salvador, Maurício Farias, Jota Calado, Alex Ribeiro, dentre outros grandes nomes do ramo de formaturas. E hoje me orgulho de sermos amigos e de trocarmos experiências.

Passou o tempo e já possuía a técnica da locução, da interpretação e a da sequência do roteiro dos eventos. Você pensa que me considerava pronto? Não, pois faltavam pontos fundamentais para eu ligar o microfone e sair falando para o público.

Como acontece com qualquer profissional, a teoria é primordial para poder se diferenciar entre os mais experientes. Portanto, procurei conhecer as normas e as regras dos protocolos cerimoniais públicos. Pesquisei sobre as legislações do profissional, seus direitos e deveres. Dediquei-me para ser um mestre de cerimônias.

Creio que um ponto forte foi quando identifiquei uma limitação e soube perceber, ainda no início, algo que poderia custar a minha carreira. A limitação é simples, mas sem ela qualquer profissional pode não se desenvolver com tanta eficácia em seu ramo de atividade.

A leitura é fundamental para nós conseguirmos diversificar a arte de apresentação e da oratória perante o público que o mestre de cerimônias terá nos auditórios e anfiteatros. Dos clássicos aos modernos, a leitura torna o mestre de cerimônias apto às apresentações dos mais variados temas.

Costumo ler livros da atualidade e artigos de profissionais e executivos do mundo corporativo, principalmente sobre economia e informações em geral. O aprimoramento é necessário para não ser apenas mais um, e sim me tornar um profissional respeitado pelo mercado de eventos.

Na minha trajetória, tornei-me radialista, fiz teatro para ter melhor interpretação, apreciei outros profissionais para conhecer seus métodos, li livros de cerimoniais e de diversos gêneros. Preparei-me para me apresentar às empresas e chegar ao meu primeiro evento.

A ESTREIA:
UMA AVENTURA
CERIMONIAL.

Como diz o ditado, a primeira vez a gente nunca esquece. Realmente foi inesquecível aquela noite de 5 de agosto do ano 2.000, quando assisti a um dos meus ídolos da profissão de mestre de cerimônias se apresentar.

Antes de chegar ao espaço tradicional de eventos, em São Paulo, visitei o estúdio de gravação da Banda Época para jogar conversa fora. Ali, conversando com os irmãos Márcio e Marcelo, liguei o microfone e simulei uma colação de grau.

O ensaio foi importante, pois não sabia que, dois dias depois, ligaria a chave do microfone para dar o meu primeiro "Boa noite, senhoras e senhores, sejam bem-vindos".

Não me esquecerei do dia. Vários pontos serão lembrados para sempre. O ambiente que antecedia o evento, o clima tenso, o mestre de cerimônias que não chegava. E eu não era contratado para aquela aventura cerimonial. Estava no local para ver um mestre de cerimônias de renome e mais experiente se apresentar e aprender com suas sábias palavras e entonação verbal.

Mas tudo tem a sua hora. Talvez o ditado de estar na hora certa e no lugar certo tenha sido feito para mim e garanto, pelo contexto, que foi o destino que Deus ofereceu para a minha vida.

As horas passavam e a tensão aumentava. Marcelo, da Banda Época, disse: "Acho que você vai estrear!". A ansiedade aumentou. Não sabia se comemorava ou torcia para que o mestre de cerimônias oficial chegasse.

O dia 5 de agosto de 2000, às 22h, no Clube Hebraica, em uma formatura da turma de engenharia da Universidade Presbiteriana Mackenzie, estava reservado para que eu pudesse surgir para o mundo de eventos. Recebi a informação de que infelizmente o mestre de cerimônias não compareceria.

Sem críticas, já que aprendi muito com o seu trabalho e me orgulho de ser indicado por ele e indicá-lo como profissional para quando me pedem um mestre de cerimônias. Mas a atitude de não agendar mais de um evento com horários próximos levo pela minha carreira, pois honro a pontualidade. Afirmo, categoricamente, que qualquer profissional tem que ser o mais rigoroso e chegar ao extremo de não combinar nada que não poderá cumprir.

Fui pego de surpresa, mas isso não me amedrontou. Você deve estar se perguntando: por que não recusei? Simplesmente porque eu queria a oportunidade. Senti-me confiante, pois ali estavam a Banda Época e minha esposa para me motivarem a não desistir. Eu tinha de arriscar e mostrar o que aprendera no período de estudo dos mestres de cerimônias mais experientes.

O roteiro foi dado. Os minutos que tive para lê-lo foram o suficiente para pedir para soltarem a vinheta de abertura. Ao término das clarinadas, proferi o meu primeiro "Boa noite, senhoras e senhores, sejam bem-vindos!". Foi mágico! Percebi que nasci para aquilo. Fiz uma cerimônia tranquila e sem muitas invenções. Hoje posso dizer que tenho facilidade de improviso para as mais diversas situações e tipos de eventos. Mas, naquele dia, fui apenas um anunciador de nomes.

A cada palavra pronunciada, sentia-me feliz. Parecia que as pessoas realmente viviam a história de quem tinha a satisfação de conquistar aquele diploma e eu, a satisfação de empunhar um microfone para uma vida de realizações e satisfações pessoais.

O tempo passou e precisava ter outras oportunidades para praticar. Não pense você que não repetia tudo, todos os dias, para que fixasse a lógica e os tópicos dos eventos. Sem ensaios, o profissional não se desenvolve e acaba sendo deixado de lado pelos contratantes, que não o veem como uma pessoa apta para conduzir seus eventos. Assim começa a carreira de um mestre de cerimônias, com conhecimento para entender a complexa profissão.

Diante da aventura vivida naquele mês de agosto, há quinze anos, eu jamais desisti. Alcancei o meu sonho. Até o dia do fechamento desta edição serão aproximadamente 3.000 apresentações realizadas. Ao término do livro, espero que você possa encarar o desafio de ser um mestre de cerimônias. Mas não se deixe prender somente à teoria, vá à prática. Lembre-se de que dom, humildade e carisma fazem parte das características que precisará para chegar ao sucesso.

MAS O QUE É SER MESTRE DE CERIMÔNIAS?

A definição de mestre de cerimônias é aquele profissional que conduzirá um evento com formalidade e informalidade de acordo com a situação e a proposta apresentada pelo contratante, mantendo sempre a linha protocolar, a etiqueta e a ética de um cerimonial.

Não se sabe oficialmente quando surgiu a figura do mestre de cerimônias, porém podemos dizer que, mesmo na antiguidade, o anfitrião solicitava a alguém para conduzir os eventos que a sociedade proporcionava. Arrisco em dizer que na ceia de Jesus Cristo e seus apóstolos existia a imagem desse profissional para auxiliar na comunicação e na condução do evento.

Os historiadores garantem que a profissão é milenar e, desde algumas centenas de anos antes de Cristo, o mestre de cerimônias conduzia os eventos esportivos de forma que as pessoas apreciassem cada palavra e cada ênfase dada gerando a expectativa e a comoção.

A profissão foi reconhecida nos séculos XV e XVI, na Europa, onde os grandes líderes das nações locais necessitavam padronizar os cargos e as hierarquias do respectivo reinado. Diante da necessidade de precedências perante as pessoas que os ovacionavam, os reis incumbiram os cerimonialistas de criar uma padronização com a elaboração e a criação de uma linha protocolar do cerimonial.

O mestre de cerimônias tem papel fundamental para a sociedade, principalmente nos eventos em que se faz necessário seguir os protocolos perante o seu público ou das autoridades presentes na cerimônia organizada pelos coordenadores de eventos ou cerimonialista.

No Brasil cresce, a cada dia, o número de eventos e o especialista em cerimoniais deve estar preparado para enfrentar as situações que acontecem ao longo de sua carreira.

Para se preparar para a nova realidade, o mestre de cerimônias deve adquirir as técnicas ideais para se apresentar perante o público e se relacionar com as pessoas, profissionais, executivos, governantes, militares, dentre outros que compartilharão de momentos nos bastidores ou nos palcos dos auditórios do nosso território.

Mas como ser um mestre de cerimônias? Inicialmente, você deve avaliar se tem aptidão para exercer a profissão. O primeiro passo é realizar uma avaliação na sua leitura em voz alta, se consegue passar a mensagem que está lendo para o ouvinte.

Constatada a leitura, que tal verificar como está a sonoridade das palavras? Você lembra que, na infância, as professoras, a mamãe e o amiguinho pediam para falar nitidamente? Esse é o momento da contraprova. Revise a sua fonética e grave a sua leitura, veja se não há nenhuma limitação na pronúncia das palavras. Pratique por um tempo, caso contrário, aconselho a procurar um especialista para avaliá-lo.

O mestre de cerimônias tem que contar sempre com apoio de um fonoaudiólogo, otorrinolaringologista, um professor de interpretação e, se possível, um orientador.

Mas mestre de cerimônias é a mesma coisa que cerimonialista ou celebrante? Eis a pergunta que será respondida durante o processo de escrita do livro. Afirmo que se surpreenderá com as respostas que darei.

O livro apresenta como conteúdo maneiras de se portar diante de inúmeras situações que o mestre de cerimônias encontra ao executar suas funções. Alguns livros já existentes são teóricos e não demonstram o que pode acontecer e como se comportar diante dos imprevistos.

Na minha carreira vivenciei situações que necessitaram de improvisos e adquiri a virtude de prever futuras intervenções que podem prejudicar o andamento dos eventos, com a experiência adquirida.

Os casos aqui apresentados mostram que o mestre de cerimônias engessado não terá resultados positivos e aquele que se expõe fora do que é esperado pelo cliente se complicará e obterá resultado negativo.

O livro é não só é dedicado a quem exercerá a função de mestre de cerimônias, mas também para quem contrata o profissional.

Quando decidi escrever o livro, planejei manter a tradição de outros autores, mas ao descrever a linha protocolar percebi que quanto mais leve fosse nas palavras melhor a assimilação das técnicas.

Não sei omitir comentários que possam agregar o desenvolvimento de alguém, principalmente quando se tem o sonho de crescer e não apenas faturar com a carreira de mestre de cerimônias.

Os eventos que explicarei a seguir são mais comuns que os das empresas, agências, assessorias, noivos ou pais contratam.

Formaturas: divididas em colação de grau e baile de gala, são eventos sociais sem muitas regras definidas, porém as empresas se adequam às exigências das instituições acadêmicas e às respectivas comissões formadas para apoiar as empresas ou agências.

Na colação de grau, seguem-se as linhas protocolares das universidades ou instituições acadêmicas, que muitas vezes não possuem base e/ou entendimento do que é um cerimonial. No baile de gala, tudo dependerá da organização da empresa e do que se definiu com a comissão de formaturas.

Evento corporativo: pode possuir denominações como, por exemplo, congressos, exposições, simpósios, feiras, posses, lançamento de artigos, encontros, *workshops*, dentre outros. Cada um dos eventos possui sua característica e ordem cerimonial, além da importância perante a sua execução.

Casamentos: com o crescimento da procura pelo mestre de cerimônias para realizar a celebração do matrimônio, tem-se que seguir os protocolos de rituais ou uma lógica para apresentar o casamento. É um evento muito requisitado, decorrente da modernização da sociedade e das mudanças de hábitos da população.

Baile de debutante: é a grande noite de uma menina que comemora a passagem de um ciclo. O mestre de cerimônias é fundamental, pois é quem conduzirá o rito de passagem da jovem, garantindo o glamour e o requinte no baile. Em um baile de debutante, a função do profissional não é somente anunciar as valsas, mas mostrar que existem momentos que não podem faltar na comemoração.

Eis algumas observações do muito que demonstrarei para você, que sonha em ser um mestre de cerimônias. O que desejo é que os exemplos sirvam para o enriquecimento profissional e cultural do leitor.

A leitura é didática e com orientações pertinentes para serem levadas a qualquer evento, com informações que agregarão ao desenvolvimento intelectual.

EVENTO FORMATURA

Iniciarei com o tipo de evento que pude me desenvolver desde o começo de minhas atividades como mestre de cerimônias. O expertise me fez entender a cultura das instituições às quais pude me apresentar e conduzir os eventos.

Escrever sobre formatura me deixa à vontade para afirmar que é um tema interessante e a palavra padrão contradiz com o que aprendi em cerimoniais. A formatura ganhou o seu glamour no início do século passado, com influência dos americanos, que expressavam a felicidade de concluir a etapa mais importante do estudante na vida acadêmica. Quem nunca assistiu a um filme em que os personagens são alunos de alguma instituição e sonham com quem vão ao baile de gala? Esta aí o prazer de comemorar a conquista do recebimento do diploma.

O evento formatura tem um cerimonial peculiar e o padrão é estipulado pelas instituições de ensino e as empresas do ramo. Já trabalhei com roteiros que não possuíam nenhuma metodologia protocolar, porém cabe a nós, mestres de cerimônias, orientar os responsáveis das academias do conhecimento e organizadores de eventos para não divergirmos sobre o que é o real de uma apresentação.

O roteiro que descreverei neste livro é o mais dinâmico e protocolar, pois veremos os requisitos tradicionais e oficiais que as cerimônias precisam para suas respectivas apresentações.

Vou dividir em tópicos cada tipo de cerimônia no evento formatura, nos quais descreverei a colação de grau para universidades, escolas de educação infantil e o baile de gala, com a cerimônia das tradicionais valsas dos formandos em sua noite de comemoração.

Quero destacar que apresento cerca de 200 eventos de formaturas por ano e tenho a honra de ser mestre de cerimônias das universidades Presbiteriana Mackenzie, Ítalo-Brasileiro, Belas Artes, Anhanguera Educacional, Universidade Paulista, Universidade do Grande ABC, São Camilo, Rio Branco, Santa Marcelina. Porém as instituições me dão liberdade para trabalhar, pois sabem que detenho o conhecimento dos respectivos procedimentos, valores e cultura.

O mestre de cerimônias tem que entender que o seu trabalho inicia bem antes da sua apresentação, na tribuna, dentro ou fora das instalações da instituição de ensino. Portanto, é fundamental estudar o cliente em todos os aspectos e perfis, que resultarão em dar mais qualidade à performance no microfone.

O que precisa ser avaliado? A história da instituição, o público, os cursos, o nível de titulação do corpo docente, etnia, missão, valores e, se possível, o organograma interno do regimento geral e suas respectivas convenções.

Não é tão simples como pensam os mais desinformados, ou os que pensam que basta ter uma linda voz e assumir o microfone, sem antes ter o preparo ideal para a função.

Colação de grau

O evento que consagra uma etapa de conclusão do acadêmico, após alguns anos de dedicação em busca do aprimoramento técnico e da aquisição do conhecimento para que um dia alcance o ápice do estudante, e que é o cenário de um momento solene para o recebimento do tão sonhado diploma.

Todos nós sabemos o quanto é difícil estudar em nosso país, principalmente quando os problemas econômicos se fazem presentes na trajetória. Mas esses obstáculos não impedem que as pessoas desistam do sonho e se redobrem na busca da conquista escolar, a qual precisa ser celebrada e condecorada com o diploma no dia da colação de grau.

A colação de grau é a cerimônia que oficializa a passagem de um rito de um acadêmico para o ciclo posterior, consagrado pela conclusão de uma etapa e condecorado pelos mestres que o guiaram para o ápice.

Mas na vida nem tudo é emoção, e o que vemos atualmente é a mistura dos valores e a desvalorização do sentimento de conquista dos próprios acadêmicos. O motivo é que as instituições entram no jogo financeiro das empresas do ramo de formaturas e se esquecem do real significado de colar grau, que é justamente a forma de condecorar o acadêmico que deu mais um passo em seu desenvolvimento intelectual e cultural, do qual a sociedade se orgulha por tudo que será oferecido com o conhecimento do cidadão, bem mais qualificado para servi-la.

Infelizmente, uma grande fatia de negócios para as empresas de formaturas é a colação de grau oficial das universidades ou escolas técnicas e se esquecem de que nos eventos existem protocolos a seguir e inserem, nos roteiros, temas que descaracterizam a oficialização do título recebido pelo aluno.

O que encontro nos roteiros oferecidos, nos eventos que apresento, são homenagens que não cabem no propósito que é esperado pela instituição e pelo concluinte. Por exemplo, oferecer um brinde de champanhe no cerimonial. Além de desagradável, deixa o evento ainda mais cansativo.

Outra falha que encontro em eventos de formaturas é colocar homenagens redundantes aos temas, por exemplo: aos colegas, aos pais ausentes, aos funcionários, ao tio da cantina.

Não que devemos esquecer as pessoas, mas o orador pode agradecer aos amigos quando profere as suas palavras ou homenagear aos pais que não estão entre eles. Funcionários e colaboradores da instituição devem ser citados na homenagem destinada aos mestres.

O roteiro bem dinâmico é fundamental para que o evento seja inesquecível.

A seguir, segue o roteiro ideal para que o seu evento seja formal, emotivo e prático. Deve ser seguido na colação de grau oficial, mas pode ser utilizado em muitas situações, com exceção das colações de educação infantil, que possuem as atrações musicais dos pequenos formandos.

1. ABERTURA

A abertura é o momento de passar, de forma elegante e com a formalidade, o que é peculiar, informando o tipo de evento, nome da instituição, os cursos com suas respectivas habilitações e o período de conclusão, ano e semestre.

Nesse tema há muitos equívocos de profissionais que abreviam os nomes da universidade ou da escola e evitam falar o nome do curso por completo. Sempre destaco os detalhes, para que o público compreenda o real motivo de estarmos naquele evento de formatura.

Exemplo de como abrir uma colação de grau: "Senhoras e senhores, boa-noite! Sejam bem-vindos à solenidade de colação de grau dos formandos do 1.º semestre de 2015 do curso de bacharelado em Comunicação Social, habilitações em Jornalismo, Publicidade e Propaganda e Marketing da Universidade de São Paulo, USP".

É fundamental conhecer os cursos e as instituições para que não falte nenhum dado. Muitas vezes os próprios professores abreviam os nomes dos cursos e, sem percebermos ou até mesmo desconhecermos a disciplina, não informamos o nome verdadeiro ou o registrado no Ministério da Educação (MEC).

2. COMPOSIÇÃO DA MESA SOLENE

O mestre de cerimônias anunciará os nomes do corpo docente. Lembro que deve seguir a precedência apresentada no capítulo "Precedências de Formaturas". O anúncio de cada nome deve respeitar o pronome de tratamento, no qual o reitor e o mantenedor são chamados de magníficos e os demais podem ser anunciados pelo cargo correspondente.

É importante consultar a forma com que os professores querem ser anunciados. Não se usa mais os pronomes de tratamento "excelentíssimos", "digníssimos" para o corpo docente, mas sempre se deve avaliar a cultura da instituição, pois algumas preferem que os seus profissionais tenham denominações, cabendo-nos as orientações para que se adequem ao correto.

Por se tratar de uma colação oficial, é essencial anunciar os nomes completos e as respectivas titulações acadêmicas dos professores, diretores e coordenadores. Em alguns casos, professores não gostam de um determinado nome e pedem para não pronunciá-lo, mas não devemos atender ao pedido, por ser um evento oficial da instituição. Da mesma forma ocorrerá se não pronunciarmos os títulos de mestre ou doutor. Para não ter problemas, seja o mais protocolar possível.

Sobre o fato de ter o nome do professor abreviado, já tive problemas com maridos de professoras que não tiveram o nome pronunciado, mas não sabiam que a própria esposa (professora) havia me pedido para não falar. Outro ponto do porquê não altero a linha protocolar do evento, é quando falta o título acadêmico do professor no pronunciamento. Logicamente, eu mesmo faço questão de conferir para não ter cobranças desnecessárias.

Então, vamos ao exemplo de anunciação: "Convido a presidir a mesa solene o magnífico reitor da Universidade dos Sonhos Felizes, o professor-doutor Juvenal da Silva. Recebamos o diretor da Universidade dos Sonhos Felizes, o professor- mestre Pedro Duarte..."

Diferentemente de outros tipos de eventos, a posição na mesa solene, em uma formatura, vai de acordo com o protocolo de precedências, mas sempre atentando ao posicionamento de quem será o responsável por entregar algum símbolo aos formandos, por exemplo: canudos, rosas, diplomas, registros dos órgãos de entidades profissionais (CREA, CRF, CRA, CREFITO, CRQ, outros).

Uma observação que sempre faço quando se tem o livro de ata de colação na mesa solene é que se deve colocá-lo na ponta esquerda da mesa, quando os professores estão observando o público. O correto é o formando assinar o documento oficial e depois receber o canudo. Além disso, a posição facilita na chamada nominal da entrega dos canudos. A posição é ideal, pois controlamos o ritmo da chamada nominal pela assinatura do livro de ata. Assim o mestre de cerimônias não atrapalhará o registro fotográfico da equipe de reportagem.

A ordem de precedência da mesa solene em uma colação de grau vai de acordo com o organograma da instituição, mas seguindo as tradicionais das principais universidades de nosso país: reitor, vice-reitor, diretor, secretário-geral, coordenador de curso, patrono, paraninfo, professor homenageado, funcionários homenageados, convidados especiais.

Algumas universidades possuem chanceleres. Portanto, deve ser verificado quem é o mantenedor da instituição e qual sua posição, e este será anunciado. Naturalmente, sempre são anunciados em primeiro lugar, mas não presidem a mesa diretora. Por questão acadêmica, a função passa para o reitor.

Aqui cabe atenção quando há políticos presentes, por exemplo: presidente, governador, deputados, prefeito, vereadores ou secretários municipais. O cerimonial tem que seguir o protocolo público federal.

3. ENTRADA DOS FORMANDOS

Um dos momentos mais esperados pelos pais e convidados. É colocada uma música de impacto, para demonstrar a importância dos novos profissionais que serão recebidos pela sociedade.

O anúncio da entrada dos formandos tem que ter glamour e não pode ser como se estivesse anunciando um produto no supermercado. Devemos colocar a ênfase necessária para atrair a atenção do público presente.

É fundamental relembrar aos colegas que todo evento tem a sua peculiaridade e o de formatura deve levar em conta que temos autoridades presentes e que a discrição tem que sempre existir. Reforço que nenhum mestre de cerimônias é o Bruce Buffer do UFC.

Cada mestre de cerimônias tem o seu estilo, mas segue um exemplo: "Vamos receber, com uma calorosa salva de palmas, os formandos das turmas de bacharelado de administração e direito da Universidade dos Sonhos."

4. ABERTURA OFICIAL

Após a entrada dos formandos, cabe ao mestre de cerimônias anunciar a abertura oficial do evento, por intermédio do respectivo presidente da mesa solene. Exemplo: "Neste momento ouviremos a abertura oficial desta solenidade, pelo presidente da mesa solene, o magnífico reitor da Universidade dos Sonhos Felizes, o professor Doutor Juvenal da Silva."

Em nenhum momento, o mestre de cerimônias passa a palavra para alguém, pois o apresentador é apenas o mediador e não possui a autonomia de tal função, cabendo-lhe somente direcionar as pessoas que se pronunciarão durante o evento.

Também há situações nas quais o presidente da mesa não permanecerá até o término da cerimônia. No momento adequado, deverá ser feita a passagem da presidência para a segunda pessoa, que assumirá a função.

5. HINO NACIONAL

É um momento solene e de respeito à pátria, principalmente por se tratar de uma cerimônia pública. Portanto, é inadmissível a ausência da saudação.

O Hino Nacional é sempre interpretado de forma solene, mesmo que a festividade não tenha caráter específico. Pode ser cantado pelo coral, que deve interpretar as duas partes do hino e/ou por intermédio do som mecânico, com as duas partes também. Quando não possuir o hino cantado, deve-se entoar o oficial da nação.

Para anunciar o Hino Nacional, segue o exemplo: "Convido todos a entoarmos o Hino Nacional Brasileiro."

Atenção: é preciso tomar cuidado quando pedir para as pessoas ficarem em pé para entoar o Hino Nacional, principalmente porque nunca se sabe quem está assistindo à cerimônia. Pode-se ter uma pessoa portadora de deficiências especiais e isso a incomodará; ou, em alguns casos, precisaríamos de intérpretes de libras para as pessoas com limitações de audição.

A dúvida que sempre paira no ar: "devo ou não me virar para a bandeira no momento da execução do Hino Nacional?". Amigo leitor, por se tratar de um símbolo com a mesma importância do brasão e do próprio Hino Nacional, a bandeira tem que ser respeitada igualmente, por isso não se deve virar para a bandeira nacional. Por que as pessoas viram? Decorrente do futebol ser um esporte popular, tornou-se hábito as pessoas realizarem a ação, que é incorreta.

Observação: existem instituições de ensino que mantêm a filosofia em suas tradições. Aconselho a não mudar a cultura, e sim orientar para que sigam o protocolo de cerimoniais.

Outra situação que sempre encontro em colações de grau é o fato da instituição ser de cultura de outro país e cultivar suas origens, por exemplo, o Centro Universitário Ítalo-Brasileiro, que honra a história do seu fundador entoando o Hino Nacional da Itália nos eventos.

6. CULTO ECUMÊNICO

É o momento de reflexão e agradecimento a Deus pela conquista dos formandos. Normalmente, há um dia específico para a cerimônia. Todavia, quando não é promovido o encontro religioso, é incluído na colação de grau.

Várias opções são comuns ocorrerem na cerimônia. Por exemplo, há instituições de ensino que são mantidas por igrejas ou possuem suas tradições com cunho religioso, como a Universidade Presbiteriana Mackenzie (Igreja Presbiteriana do Brasil), Pontifícia Universidade Católica - PUC e Centro Universitário São Camilo (Igreja Católica), dentre outras. Nesses casos, os líderes religiosos realizam a palavra devocional, ou seja, a mensagem de culto ecumênico.

Outra circunstância que encontramos é quando um formando realiza a leitura de uma mensagem de ação e graças. Vale reforçar que no Brasil temos muitas culturas e religiões, é fundamental orientar o orador sobre a sua abordagem, para que não tenhamos uma missa ou um culto evangélico.

Por fim, existe a opção do mestre de cerimônias realizar a leitura da mensagem a Deus. Principalmente aqui, por ser um momento muito delicado por questão da cultura local, o profissional não deve se estender nem defender qualquer doutrina, religião ou seita existente.

Ao término da mensagem lida, pode-se interpretar uma música, mas sempre se tivermos um coral ou uma banda para realizar a melodia. Quando a sonoplastia do evento é feita com som mecânico, o tradicional DJ, não vejo a necessidade de dedicar o espaço a uma música fechada, tocando por completo. Sugiro que seja colocado fundo musical, enquanto o orador lê a mensagem.

Observação: Quem me conhece sabe que não utilizo fundo musical quando falo. Peço para manterem a mesma regra e não utilizarem música com sonoplastia do DJ.

7. DISCURSOS

Momento no qual as pessoas destinadas a falar devem perceber que, em muitos casos, oratórias longas e sem dinâmica podem gerar o tradicional desconforto do ouvinte ou espectador.

A ordem dos discursos vai de acordo com a precedência correspondente ao estatuto interno da instituição de ensino. Temos que atentar ao discurso da pessoa de maior hierarquia que deve abrir ou fechar a sequência de discursos. Naturalmente, a ordem da precedência mais ideal é do menor para o maior na linha hierárquica da instituição de ensino, sendo:

Orador da turma;

Paraninfo da turma;

Patrono da turma;

Coordenador da turma;

Diretor da faculdade;

Reitor da universidade.

Observação: *não é obrigatória a fala de todos, porém é prudente usar o bom senso para não deixar a cerimônia cansativa e desgastante.*

Apresentando colações de grau pelo Brasil, pude ver muitas situações que causam desespero entre os organizadores do evento, principalmente nos cerimonialistas, devido à quantidade de discursos durante a cerimônia.

Quando, no roteiro, temos muitos cursos e cada turma escolhe os oradores e paraninfos correspondentes, com postura, o mestre de cerimônias deverá conversar com o presidente da mesa e alertá-lo com referência ao tempo do evento, para não transformá-lo em inesquecível no aspecto negativo, quando todos querem discursar e não abrem mão disso.

Vale lembrar que as formaturas estão perdendo o seu prestígio, por questões protocolares, mais do que propriamente seu glamour. O maior motivo do abandono é o tempo de duração das cerimônias. E aqui explico que o público quer comemorar e não ouvir teses profissionais ou discursos desconectados do evento. Ressalto que um discurso longo está em desuso e não agrada a ninguém.

Outro tipo de discurso desagradável é quando algum formando ou professor quer falar de cada integrante da turma, citando suas características. Essa lógica de discurso remete apenas a uma criança da pré-escola e não a um formando de universidade. Mas isso acontece continuamente. Os oradores pensam que é hora de fazer *stand-up* e esquecem o significado da colação de grau.

O tempo ideal para um discurso perfeito é de três a cinco minutos, no máximo, período suficiente para explanar o pensamento, por intermédio de sua mensagem. Um bom discurso deve ter uma lauda e meia no máximo, com fonte 12, a formatação ideal.

Quer fazer um teste do seu discurso? Grave e escute-o, peça para alguém ouvi-lo. Colha a avaliação. Caso não queira fazer isso, outra sugestão é a do tempo em que o público vai ouvir. Ligue a televisão no horário político e veja o candidato falando, apenas com a imagem dele na tela, por cinco minutos. Se você aguentar os cinco minutos sem virar o olhar e sem conversar com a pessoa ao lado, retiro o exemplo do meu livro.

Agora uma dica, ou exemplo, de anúncio realizado pelo mestre de cerimônias: "Convido a proferir as suas palavras o orador da turma de cerimonial, Carlos da Silva."

Para anunciar um professor para o seu discurso: "Convido à tribuna para proferir as suas palavras o paraninfo da turma de cerimonial, Augusto César Cristóvão."

O objetivo é ser o mais discreto e prático possível, não se estendendo. Você não conhece o discurso do anunciado e pode se estender mais do que aquele que se pronunciará.

Ao término de cada discurso, não há necessidade de agradecer a quem acaba de sair da tribuna. Siga o roteiro normalmente.

8. HOMENAGEM AOS MESTRES

Muito foi dedicado, dentro e fora das salas de aulas. Por que não reservar um momento para agradecer àqueles que concluem o objetivo? Nesse caso, cabem as homenagens aos mestres e funcionários da instituição de ensino. Além da entrega da lembrança, é sempre bom ter um texto, mesmo breve, para demonstrar o reconhecimento ao profissional.

Quando não se disponibiliza um orador para discursar sobre o tema, o mestre de cerimônia deve realizar a introdução da nova situação. Ressalto que não se deve privilegiar nenhuma pessoa, mantenha a ética protocolar. Principalmente quando houver mais do que uma escola na cerimônia.

Durante a entrega da lembrança, deve-se ter uma dinâmica para não deixar o evento cansativo e para facilitar no deslocamento do formando que entregará o mimo. Sugiro anunciar primeiro o nome do formando e, na sequência, o nome do professor que será homenageado. Dependendo da organização, é preciso selecionar o nome do formando que entregará a lembrança na hora, escolhendo-o da lista dos concluintes presentes.

Não vou tecer comentário sobre o tema do parágrafo anterior, pois as empresas atuais não visam à qualidade e esperam que nós, mestres de cerimônias, assumamos a responsabilidade que deveria ser do elaborador do roteiro ou do coordenador do evento.

Deve-se atentar que, em alguns casos, o formando ou o homenageado quer discursar depois da entrega da lembrança e é sempre importante ouvir a coordenação do evento ou o presidente da mesa para permitir que cada homenageado fale, pois os discursos já ocorreram e isso abre precedência para que os demais falem. O mesmo vale para os alunos/formandos, já que pode beneficiar um ou outro. A democracia deve prevalecer sempre, mas com cautela.

Um exemplo do anúncio de convocação do discurso do formando em homenagem aos mestres: "Convido a agradecer aos professores da Universidade dos Sonhos a formanda Maria Aparecida Duarte."

Exemplo do anúncio para a entrega da lembrança ao homenageado: "Neste momento, convido a homenagear o coordenador do curso de cerimonial, professor-doutor Eduardo Vasconcelos, o formando Genivaldo de Sousa Lacerda."

Durante o anúncio, é preciso ter cuidado para não falar que o professor será homenageado. Veja a redundância que pode ser proferida pelo mestre de cerimônias. Tome muita atenção para não dizer "convido para homenagear o professor homenageado..."

Ao término da entrega de homenagem, é tradicional o coral ou a banda interpretar uma canção. O mestre de cerimônias deve anunciá-la.

Fique atento: quando não houver banda ou coral para interpretar a canção e o som for mecânico, com DJ, pede-se que a música seja tocada durante a entrega das lembranças, e não como música fechada, pois torna o evento cansativo.

9. HOMENAGEM AOS PAIS

Momento que precisa de muita sensibilidade por parte do mestre de cerimônias. Mesmo não sendo protocolar, os graduados reservam para dedicar o agradecimento aos seus familiares, especialmente aos pais.

Para que o momento seja inesquecível, é importante fazer uma introdução enfatizando o prazer dos pais em estarem ali, adentrando na história da instituição, a qual os filhos escolheram para receber o diploma.

Eu sei que todos querem homenagear os pais e proferir palavras, porém o bom-senso tem que prevalecer e apenas um orador deve se fazer ouvir. No discurso, o orador deve homenagear pais presentes, ausentes, esposas, maridos, avós e aquele familiar mais próximo, ou seja, a família em geral.

Em alguns roteiros, as empresas ou as instituições querem colocar um discurso para pais presentes, outro para ausentes, outro para avós, outro para a pessoa especial, dentre outros, apenas para homenagear a família. No entanto, conforme o número de discursos aumenta, a ansiedade da colação de grau entra no estado de desgaste e o evento ficará inesquecível, não no quesito emoção, e sim no de má qualidade. Então, amigo leitor, sendo mestre de cerimônias, produtor de evento, coordenador da instituição ou o responsável pelo evento, não se deixe pecar pelo excesso e seja prático, rápido e emotivo. Escolha somente um formando para falar sobre a família.

Eu amo fazer a homenagem, pois é muito bom reforçar à sociedade o valor da família, já que está extinguindo a imagem do pai e da mãe.

Observação: *você que quer ser um mestre de cerimônias não seja demagogo e muito menos conte "causos" da sua vida, seja sempre neutro para não se perder na oratória. Nós estamos lá para reproduzir a emoção. Deixe para o orador a demonstração do sentimento de amor aos entes queridos.*

Outra observação é que, caso não haja orador para homenagear os pais, por intermédio de texto, faça-o. Não se esqueça de ser objetivo e, o principal, passar a emoção.

Ao término da homenagem aos pais, é sempre oferecida uma música em homenagem e a banda ou coral deve interpretá-la. O mestre de cerimônias deve anunciá-la.

Fique atento: *quando não houver banda ou coral para interpretar a canção e o som for mecânico, com DJ, pede-se para que a música seja tocada durante a entrega das rosas aos pais e não como música fechada. Fica cansativo para as pessoas ouvirem a melodia e verem o formando em pé, balançando os braços.*

Observação: *pelo protocolo, não é ideal pedir para os formandos saírem dos lugares para levar rosas aos pais. Deve-se* *respeitar as autoridades presentes. A ida dos alunos resulta em uma movimentação equivocada e o evento fica poluído. Mas no mercado capitalista de formaturas, o momento é garantia de mais uma foto a ser registrada e vendida no futuro.*

10. JURAMENTOS OU COMPROMISSO DO DEVER

Durante uma cerimônia de colação de grau oficial, o Ministério da Educação e as normas internas da instituição, além dos conselhos e órgãos da profissão, exigem o comprometimento dos novos graduados, que terão que realizar a leitura do compromisso e expressar a dedicação à profissão escolhida. Cada curso possui o seu juramento, que deverá ser pronunciado por um representante da turma que esperará os colegas repetirem as palavras proferidas, gradativamente.

É muito importante reforçar aos formandos que devem estender o braço direito e mantê-lo estendido até o término da outorga de grau. Esse gesto é para que o graduado peça o grau ao representante legal da instituição, o presidente da mesa solene, o reitor ou diretor da instituição.

Na leitura do juramento, o coordenador e os professores do curso devem ficar em pé, em respeito à profissão e saudar os novos colegas de trabalho.

Observação: *veja que eu escrevi no título JURAMENTO OU COMPROMISSO DO DEVER. Simplesmente por questão de religião, alguns formandos, por serem adeptos a doutrinas distintas, não podem jurar. Para não ofender a religião escolhida, troca-se o nome. Vale lembrar que todo cuidado é pouco para o mestre de cerimônias, pois a sociedade tem muitas características.*

Quebra de protocolo: *em muitas situações, haverá casos de mais de um curso e o correto é sempre realizar todos, porém as equipes de produção para otimizar o evento pedem que seja* *feito apenas um "juramento universal", ou genérico. Até compreendo a situação, porém cabe às universidades distinguir os eventos, realizando formaturas específicas para cada curso.*

Quem deve proferir o juramento? Apenas os formandos universitários e técnicos. Concluintes do ensino médio, regular e fundamental não devem ler o compromisso do dever. Não há necessidade do protocolo para quem não concluiu o curso profissionalizante ou de graduação universitária.

O parágrafo anterior serve para as diretoras de escolas infantis que querem acrescentar tópicos para que os seus alunos participem da cerimônia, contra as normas escolares e protocolares.

No meu site, você poderá encontrar os juramentos das profissões.

11. OUTORGA DE GRAU

Realizado o juramento ou compromisso do dever, o mestre de cerimônias deve pedir aos formandos do curso que permaneçam em pé e com o braço direito estendido. Simultaneamente, pedir para o representante da turma se dirigir à frente da mesa solene, diante do presidente da mesa diretora, para que seja feita a outorga de grau correspondente ao título acadêmico específico.

É sempre importante reforçar que o silêncio deve ser mantido, para que o representante legal da instituição consiga ser ouvido pelos presentes.

Durante a outorga de grau, o presidente da mesa solene deve segurar a borla e ler o texto com os deveres que foram atribuídos pela legislação. Ao término, os formandos colocam o capelo na cabeça. Muitas vezes o mestre de cerimônias anuncia a ação, para que os formandos a executem.

Observação: *o bom senso deve prevalecer para que a cerimônia não fique desgastante. Encontramos cerimônias com muitos cursos e pode ser feita uma outorga de grau única, sendo* *que um formando representa todos ou realiza uma outorga coletiva. O juramentista realiza a leitura do compromisso do dever e aguarda até que outros leiam os respectivos juramentos. Ao final das leituras, os alunos (juramentistas) se colocam diante do presidente da mesa solene para receber o título correspondente.*

12. LEITURA DA ATA DE COLAÇÃO

Em algumas instituições, temos a obrigatoriedade da leitura da ata da colação de grau, documento oficial para as secretarias acadêmicas. A leitura deve ser feita pelo secretário-geral da instituição ou o seu representante.

13. ENTREGA DOS DIPLOMAS

A entrega dos canudos ou diplomas é o momento no qual a atenção do mestre de cerimônias tem que ser acurada. Por que digo isso? Simplesmente porque a dinâmica envolve vários profissionais e pessoas no processo.

Inicialmente deve-se verificar o que será entregue. Muitas vezes são entregues canudos, rosas, registros de órgãos profissionais e, em outras, assinatura do livro de ata de colação de grau. Há situações em que o presidente da mesa quer simbolizar a outorga de grau, por intermédio do gesto de colocar a borla em cada formando, para registros fotográficos.

Cabe ao mestre de cerimônias verificar o procedimento antes do evento começar, para ditar o ritmo da chamada nominal. O profissional tem que ter bom senso para não deixar moroso o evento, tanto para o público quanto aos formandos e professores presentes.

Reforço que, sem as fotografias, as empresas não conseguem lucrar. Portanto, o apresentador deve atentar ao ritmo da chamada para não prejudicar as imagens registradas pelos fotógrafos.

Qual é o tempo ideal para chamada nominal? Cabe o bom senso do apresentador, principalmente porque não se deve poluir a frente da mesa solene com muitas pessoas. Eu utilizo a metodologia de deixar sempre um formando em cada objeto ou certificado que está sendo entregue, porém o controle é muito complexo, já que tenho muita percepção de como é cada profissional, durante a entrega do objeto correspondente. Vale lembrar que cada um tem o seu jeito de ser e sua própria sensibilidade; alguns gostam de abraçar mais calorosamente e outros menos. Mesmo assim, temos que nos adequar e não deixar a dinâmica do evento cair de produção.

O mestre de cerimônias é treinado para instruir, quando necessário, os componentes da mesa a serem práticos e objetivos durante a chamada nominal. Não é desrespeitoso orientar e sim se mostrar preocupado pelo possível descaso do público que está na plateia.

Deve-se ter música nesse momento? Particularmente, não sou adepto de haver uma música, decorrente dos formandos entrarem numa euforia sem controle. Porém, quando o clima está propício, podemos anunciar a canção e deixar os formandos comemorarem até retornarem aos respectivos lugares.

Fique a dica: *quando se tratar de um evento com som mecânico, com DJ, não deixe tocar música para não perder a qualidade.*

14. ENCERRAMENTO OFICIAL DA CERIMÔNIA

Chegamos ao final do roteiro. O momento solene deve prevalecer ao extremo pois, indiferentemente do tempo da cerimônia e do desgaste que foi gerado, o mestre de cerimônias tem que ser categórico e afirmativo ao direcionar a palavra ao presidente da sessão e observar o ambiente para que o respeito protocolar, conhecido como silêncio, seja mantido para que a cerimônia tenha o encerramento oficial.

Ressalto que o mestre de cerimônias não passa a palavra para o presidente da mesa diretora, o qual apenas intermedeia para que o público saiba que ouviremos suas palavras. Vejo, ao longo dos anos de carreira, vários profissionais que, na pressa, não atentam ao ambiente de euforia promovida pelos convidados e pelos formandos, e deixam que a autoridade máxima do evento fique esperando o silêncio para o pronunciamento final.

É função do mestre de cerimônias manter a ordem do evento e da solenidade. Diante de situações desagradáveis, quando o público desrespeita as pessoas, a orientação do mestre de cerimônias tem que ser de forma sutil e gentil, sem ofensas e opressão.

Ao encerrar a cerimônia, fica a nossa responsabilidade de elevar o evento com alegria ou simplesmente deixar os músicos ou DJ se apresentarem com a música mais animada.

Dicas

Algumas dicas importantes para que o lado clássico do mestre de cerimônias se mantenha presente. A primeira é apenas deixar uma mensagem de motivação. Segunda, o mestre de cerimônias tem que ter o entendimento que recados como entrega de becas, registros fotográficos, entrega de convite de luxo, venda de convite para o baile de gala, dentre outros, devem ser feitos após a música final e NUNCA dentro da mensagem de agradecimento do mestre de cerimônias.

A situação mais fora de protocolo, que ultrapassa os limites no evento, é anunciar placas de carros durante a solenidade. Isso é lamentável, e faz com que o evento perca a sua importância. Recuso-me a anunciar e peço para que seja aguardado o término da cerimônia.

Um caso que aconteceu comigo, no início de carreira. Eu estava para apresentar uma colação de grau no extremo leste da capital paulistana, quando gentilmente o diretor da escola pediu para que anunciasse aos pais que retirassem um "prato de amendoim e um copo de Dolly". Sem ofender a marca de refrigerante, recusei-me a fazer e completei: "Professor, não é nem Coca-Cola!". Avaliando a situação, precipitei-me na resposta e deveria ter assimilado a informação, anunciando assim: "Senhores pais, pedimos para que se dirijam ao hall de entrada para a retirada de um kit oferecido pela direção da instituição". Vejam como são as circunstâncias que acrescentam vivência em nossas carreiras. A sensibilidade deve prevalecer sempre.

Aqui ficam apenas algumas observações pertinentes para que sirvam de apoio, a fim de que sua apresentação venha a enriquecer o evento que conduzirá, que lhe dará credibilidade na carreira e não o deixará em má situação diante do público presente e das empresas do ramo.

Casos que precisam ser apreciados e cabem como experiência.

Em eventos de formaturas que apresentei, vivi situações inusitadas que precisaria de uma enciclopédia para descrever, devido às diversas histórias as quais ficaram armazenadas nas minhas recordações.

Garanto que cada situação que vivenciei serviu como aprendizado na minha carreira e me fez crescer em sabedoria, desenvolvendo ainda mais o improviso. Situações como, por exemplo, erro de listagem de nomes, a mais comum das falhas, professor com titulação errada, nome incorreto de instituição, homenagens erradas para pessoas e nomes que não coincidem com o curso.

Creio que erros assim são comuns e um estudo minucioso do roteiro, antes do cerimonial, sana qualquer falha. Nunca me deixei cegar pelo comodismo e, ao dirigir-me à tribuna, tenho tudo pronto para iniciar o evento com segurança. Sempre digo: "Eu confio em mim, e não em terceiros". Afirmo isso porque depois que começo o evento não posso errar, pois represento a empresa, a instituição e uma equipe de profissionais.

Como são mais de três mil eventos apresentados e mais de 60% são formaturas, destacarei três situações que vou compartilhar com vocês e que realmente marcaram a minha carreira, pela circunstância e pelo tradicional jogo de cintura que tive para contornar o problema e não deixar o evento se perder por completo.

Caso 1 - Homenagem póstuma para quem não morreu.

Era início de carreira. Estava estreando para uma empresa conceituada no mercado de formaturas e tinha que fazer "o evento" para conquistar a coordenadora responsável pelas contratações dos profissionais. Na época, não tinha muitos eventos na minha agenda e afirmo que, para praticar, pedia o roteiro com antecedência, para garantir-me contra qualquer contratempo em relação à apresentação.

O evento proposto era uma colação de grau de uma extinta universidade de São Paulo, na região do ABC, que com o tempo foi comprada por outra do mesmo porte.

O local era o auditório da própria instituição de ensino, um lugar aconchegante e bem estruturado. Quando digo aconchegante, quero dizer pequeno. O público próximo ao palco. E quem apresenta sabe o quanto isso intimida o profissional, ainda mais no começo de carreira. Hoje não tenho mais temor ou preocupação. Adoro as pessoas bem perto de mim, pois dão segurança e demonstram carinho pelo meu trabalho. Consigo perceber a participação, por intermédio de suas reações físicas e emocionais.

Como não é comum reitores estarem presentes nas cerimônias, o dia era para ser diferente. Mas o "magnífico reitor" resolveu prestigiar a solenidade. Lembro que, para convidá-lo à mesa diretora, li uma lauda de introdução do amplo currículo que possuía. Foram três minutos apenas para descrever as suas titulações e premiações.

Fica a dica: *"não cabe tamanha formalidade em um evento de formatura. Fica muito cansativo e gera constrangimento aos demais profissionais colaboradores da universidade que comporão a tribuna de honra."*

A mesa diretora foi composta por doze professores, dos quais quatro falaram na ocasião, pois eram paraninfos e patrono das turmas. Obviamente, a cerimônia foi muito demorada e longa.

Era uma colação de grau da turma de enfermagem de dois períodos (matutino e vespertino). Poucos alunos estavam se graduando. Creio que não chegavam a vinte os formandos presentes.

Com uma quantidade pequena de formandos, mesmo com a formalidade que é peculiar, o evento tornou-se particular e aconchegante para o público em geral.

Como é tradicional nas cerimônias de colação de grau do curso de enfermagem, há a necessidade da execução da "cerimônia da passagem da lâmpada", símbolo da profissão. Quando os graduados concluem o ciclo de mais uma etapa acadêmica, é tradicional o aluno graduado entregar a lâmpada (lamparina) para um aluno da futura turma, eternizando o mesmo gesto feito pela precursora da carreira, Florence Natingalle.

Para quem não conhece a história, na Guerra da Crimeia, em 1842, nos campos de Scutary, Florence e mais algumas voluntárias passavam nos leitos dos soldados feridos e, com apenas uma lamparina na mão, iluminavam o caminho para poder cuidá-los. Sendo assim, foi denominada como a "dama da lâmpada", sendo lembrada nas formaturas do curso de enfermagem, pelo menos em nosso país.

Diante dos requisitos que davam certa notoriedade ao evento, dei início à cerimônia saudando o público como sempre faço com a introdução descrita em capítulos anteriores. A cada nome pronunciado, a emoção tomava conta das pessoas que apreciavam a entrada do corpo docente que compunha a mesa solene.

Composta a mesa solene e com todo carinho e importância, peculiares ao momento, convidei a todos a se posicionarem em pé para aplaudir os formandos de enfermagem da universidade.

Mesmo com poucas pessoas na plateia, decorrente do número de graduandos, foi uma grande festa e a alegria estava estampada no rosto de cada convidado presente.

Ao chegarem aos seus lugares, momento da abertura da solenidade, realizada pelo presidente da cerimônia, o magnífico reitor da instituição levou 22 minutos para declarar aberta a sessão solene. Uma atitude não convencional, pois desgasta o clima do evento.

Convidei todos a entoarem o Hino Nacional Brasileiro, que foi cantado com afinco e patriotismo, aumentando a comoção geral no evento. Segui o roteiro e as etapas de um cerimonial normal, com discursos dos oradores, dos paraninfos e patrono.

Início das homenagens aos mestres e colaboradores da instituição, com discurso emotivo feito por mim, entrega de lembranças realizadas pelos ex-alunos, agora colegas de trabalho, e uma canção, interpretada pelo coral especializado.

As homenagens seguem com o agradecimento aos pais, que foram presenteados com uma rosa e com o fundo da eterna música "Como é grande o meu amor por você ", de Roberto Carlos.

Até o momento tudo ocorria com a maior tranquilidade e regularidade, natural de qualquer evento de formatura. De repente, chegou um dos tópicos que não sou adepto a realizar, pelo contexto emocional que gera, sensibilizando as pessoas no ambiente, a singela homenagem póstuma.

Eu já expliquei, em capítulos anteriores, o porquê de não inserir a homenagem em uma formatura. O motivo de não termos uma homenagem póstuma com muita ênfase é a possibilidade de reacender a saudade da ausência de alguém nas recordações das pessoas presentes e mais próximas a quem morreu. Sugiro que seja colocado após o culto ecumênico, momento no qual aproveitamos a reflexão das pessoas na cerimônia.

Mas já que eu seria o responsável pela introdução do formando ou formandos que leriam a mensagem, fui cauteloso na apresentação, como naturalmente sou. E foi assim que tudo ocorreu.

O tema estava assim no roteiro:

> **HOMENAGEM PÓSTUMA: FULANO E SICRANO.**
> **FORMANDO: PEDRINHO DA SILVA**

A pergunta para você me responder: "Quem morreu? Para quem é a homenagem? Quem devo chamar para ler?" Logicamente, respondeu que os homenageados pela ausência, decorrente ao falecimento, são FULANO E SICRANO.

Eu também pensei que não estavam mais entre nós, mas quem morrera na verdade havia sido o PEDRINHO DA SILVA, e a homenagem era para ele e o mestre de cerimônias, que escreve este livro, convidou-o para ler a mensagem aos amigos.

Quando anunciei, alguém falou bem alto: "Está invertido, quem morreu foi o PEDRINHO!" Eu fiquei constrangido com a situação de anunciar equivocadamente os nomes, mas mantive a concentração e segui o discurso lamentando o ocorrido, assumindo o erro e convidei os respectivos alunos, vivos, para a leitura da mensagem de saudade ao amigo falecido.

Não me recordo das palavras exatas naquele dia, mas o contexto foi: "Diante de tanta emoção que nos cerca, de pessoas queridas que nos deixam e que vivem em nossas recordações, com saudades e sentimentos que afloram os nossos corações, eu mesmo me senti no lugar de cada amigo e aqui inverti os nomes, mas o importante é que a homenagem seja de muita alegria e de reconhecimento para o amigo que nos deixou... Para homenageá-lo, os formandos ...".

Reflitam comigo: *"Como descobriria que as posições estavam invertidas, sendo o roteiro vindo da empresa, revisado, aprovado pela instituição e conferido no dia do evento pelos* *envolvidos?" Confie em você e, se possível, faça o trabalho de conferência e se certifique de possíveis falhas que possam ocorrer na cerimônia que conduzirá.*

Felizmente, consegui me sair bem perante a plateia. Mas, se eu perdesse a concentração, será que conseguiria improvisar como fiz? A resposta é não. Esteja vivo no evento, indiferentemente de sua característica. Todos merecem a maior atenção possível.

O mestre de cerimônias tem que estar preparado para diversas situações, nunca delegue o erro para a empresa, pois você faz parte da empresa que o contratou para o evento. Assuma a responsabilidade em público e relate para a empresa que o contratou a falha ocorrida.

Consequências posteriores ao evento? O reconhecimento da reitoria e da universidade, tornando-me o mestre de cerimônias oficial da empresa. Mas o principal é que adquiri experiência para improvisar em situações inusitadas e diferentes.

Caso 2 - Formando dorminhoco reivindica o canudo que não recebeu

Essa é mais uma história inusitada que precisa ser compartilhada com os meus colegas de trabalho, pois no fato que descreverei pude criar uma solução para que o formando pudesse ter o sonho de diploma realizado e recebido no dia da formatura.

Posso adiantar que o maior culpado da história foi o próprio formando e, por um simples desleixo dele, poderia ficar eternizado para a sua vida na noite mais importante como acadêmico.

A história começa assim...

Era uma noite comum em mais um evento que apresentaria para aquela empresa. Porém, na vida, tudo está escrito e sempre aprenderemos com as oportunidades e as novas circunstâncias que surgirem no nosso destino.

Além do Microfone – Improvisos de um mestre de cerimônias

O evento a que me refiro era uma colação de grau, seguida de baile de gala, para formandos do ensino médio de uma escola estadual da capital paulista, em um clube que por anos foi um dos lugares mais requisitados para realização de formaturas e outros eventos. E ali eu estava para mais uma apresentação que, mal sabia, ficaria marcada.

Cheguei ao evento e iniciei os trabalhos de passagem do roteiro com a coordenação do evento. O fato é que a empresa não tinha um padrão protocolar definido. Durante algum tempo, treinei a equipe de produção para tê-lo.

Roteiro definido, momento de reunir-me com os docentes para saber quem comporia a mesa diretora, e escrever nome a nome, cargo a cargo, além da titulação acadêmica de cada um dos 32 professores que foram convidados. Isso é normal para colações de grau de ensino fundamental e médio. Não entendo para que uma mesa com número excessivo de professores, sem falar que tem que pronunciar cada turma e as citações vão de A a Z.

Após a definição dos mestres e funcionários homenageados, apontamos quais alunos entregariam as lembranças, quais seriam oradores e os que realizariam as leituras dos textos de mensagens a Deus, mestres, pais e colegas.

Detalhe: o roteiro foi elaborado na hora e eu escrevia tudo com a caneta, pois a empresa apenas oferecia o convite de luxo, com o nome dos alunos e professores.

A fila dos formandos estava montada e confirmada pela equipe de recepcionistas. Todo o roteiro estava pronto. Então, era iniciar com o tradicional "Senhoras e senhores, boa noite!".

Tudo corria bem, até o momento da homenagem aos mestres. Convidei o formando para a leitura da mensagem. Após as palavras proferidas, anunciei a primeira entrega de lembrança da noite, que era da presidente da mesa e diretora da instituição. Mas surgiu o contratempo do evento.

Eu anunciei o nome do aluno para vir à frente da mesa solene homenagear a diretora. Lembro que a recepção havia informado que os formandos estavam sentados. Será?

Como na vida tudo é um aprendizado, uma aluna, sentada na minha frente, me avisou: "Esse aluno não veio". Com agilidade, busquei um nome na lista e convidei outro formando, que procedeu à entrega normalmente.

Com a confirmação da aluna de que o aluno não teria vindo, risquei seu nome do roteiro e segui a rotina cerimonial até chegarmos à chamada nominal, quando a história do evento mudaria.

Seguiu-se a entrega dos canudos, na qual anunciei os formandos, com exceção do excluído por mim, anteriormente informado pela colega de que não estava presente.

A cerimônia foi encerrada com glamour e qualidade. Porém, quem pensa que acabou, enganou-se.

Passados dez minutos do término da colação de grau, vejo o dono da empresa e um garoto, vindo em minha direção. Imaginei: olha só o aluno que faltou...

Acertei!

Ao chegar ao meu lado, o garoto estava muito nervoso e gritando, tentando me intimidar e afirmando que não havia chamado o seu nome durante a cerimônia.

Como assim? Como eu não o chamei? Por que não o chamaria?

Categórico, informava que o havia anunciado na homenagem ao mestre e ele não se levantou. A confusão estava montada.

Chamei a diretora, que confirmou a minha versão e ele, indignado, não aceitou a resposta. Para ter certeza, pedi para chamar o cinegrafista, que registrou os momentos. Assim, colhemos as imagens daquele momento específico.

Ao avaliar as imagens, vi o garoto dormindo profundamente em sua cadeira. Mostrei a ele. A reação foi de perplexidade. Ficou sem graça e envergonhado com situação. O constrangimento alheio me fez pensar em ajudá-lo e não prejudicá-lo com repúdio do seu questionamento referente ao meu trabalho.

Na vida, temos que entender que situações como essas acontecem e temos que viver aquele momento como único e fazer acrescentar na vida das pessoas e não subtrair. Indiferentemente das circunstâncias vividas naquela noite, era mais um sonho sendo realizado e temos que aparecer com nossa maestria para que, no final, um sorriso esteja no rosto de mais uma pessoa.

Vejamos o caso em questão. Muitos erros ocorreram para que o formando não recebesse o respectivo canudo:

1. Se a lista estava conferida e os formandos confirmados, por que a recepção não observou que o aluno não se levantou para a entrega da lembrança?
2. Por que os alunos, que conheciam o formando, não o acordaram na hora da chamada?
3. Por que os professores não observaram se o aluno estava lá ou não, já que conviveram com ele durante o ano?
4. Por que o próprio aluno, que dormiu, não se manifestou no momento em que todos recebiam os canudos?
5. Por que os familiares não se manifestaram no momento da entrega dos canudos, já que não fora anunciado pela segunda vez?
6. Por que a equipe de recepção não levantou o formando, ou até mesmo o posicionou ao lado do mestre de cerimônias?
7. Por que o mestre de cerimônias não fez o *checklist* dos nomes antes do início da colação?

São muitas variáveis para um erro tão inocente como o que ocorreu.

Não vou identificar o culpado, pois seria tendencioso para o pobre garoto que se deixou levar pelo cansaço alheio. Mas quero informar o que pensei no momento para que ele não deixasse de receber o canudo, pois não haveria a possibilidade de refazer a colação de grau e o constrangimento seria muito grande, pois exporíamos o jovem e ficaria eternamente em suas recordações.

A minha frase diante do embaraço criado foi: "Garoto, fique tranquilo, você receberá o seu canudo. Vá curtir o baile e sua família."

Na sequência, chamei o dono da empresa que produzia o evento e perguntei se havia algum mimo ou ramalhete de flores disponível. Ele afirmou que tinha. Pedi para guardá-lo.

O baile de gala acontecia quando a banda parou e me direcionei ao palco para a chamada nominal dos formandos e anúncio das valsas.

Quando terminei os nomes de cada turma de formandos e, antes mesmo de anunciar a primeira valsa, surgi na pista e disse: "Aqui estou a representar a empresa e, neste dia tão especial, vocês escolheram pessoas que tanto os incentivaram para este momento e recebem de presente o privilégio de serem escolhidos como padrinhos de formatura e, como forma de reconhecimento a vocês, convido a receber uma lembrança especial a madrinha do formando "João Dorminhoco*". E prossegui: "E retribuindo o gesto, a madrinha entregará o canudo a ele, demonstrando a sua importância para essa conquista". "João Dorminhoco" se emocionou e correu para me abraçar, agradecendo o gesto e se desculpando pelo ocorrido.

Aquilo me fez crer que a minha missão foi cumprida, não apenas profissionalmente, mas no aspecto pessoal: a satisfação de ter feito parte de mais uma história de família.

Lição aprendida. O mestre de cerimônias deve estar sempre atento ao que está à sua volta, senão poderá dormir no ponto como o "João Dorminhoco"[1].

---

1 nome fictício.

Caso 3 - O dia em que o juramentista foi expulso pelo mestre de cerimônias.

Não vou negar que sou extremamente técnico e exigente quando estou atuando ou me apresentando, e sigo o meu trabalho com muita competência. Muitas vezes a flexibilidade protocolar não existe e me mantenho irredutível para não ir contra os regulamentos internos das instituições de ensino, principalmente as universidades.

Mas o caso é um dos que eu mais gosto e os meus amigos sabem que em situações assim eu me dou muito bem, pois a sutileza nas palavras soa com muita seriedade, fortalecendo a minha credibilidade perante os reitores, diretores e os envolvidos nos eventos.

Nesses quinze anos de carreira, já pedi substituição de fotógrafo, recepcionista, mas nunca pensei que uma situação como a que vou relatar aconteceria em um evento: substituição de formando.

Antes de narrar o fato, devo contar uma história peculiar sobre a instituição de ensino em que realizei a atitude inesperada.

Era início de carreira, eu estava no meu terceiro evento. Cada oportunidade eu abraçava como a última, pois a dedicação era muito grande, não podia desapontar as pessoas que me apoiavam. A empresa era uma das mais conceituadas e inovadoras do mercado de formaturas, na qual todos queriam trabalhar e eu estava prestando serviço para a sensação do momento.

O local era o auditório da instituição, o público de classe A, curso de arquitetura e urbanismo. Uma pessoa mais linda que a outra. A quantidade de formandos era pequena, mas as cadeiras estavam ocupadas. As pessoas próximas do palco, o espaço lembrava uma arena. Eu ali, digamos, "quase pronto" para o meu terceiro desafio da carreira de mestre de cerimônias.

Tudo estava de acordo, até iniciar a cerimônia. Talvez não devesse estar ali, mas é errando que se aprende. Poderia ter errado pouco, não tanto quanto errei naquele dia. Foram tantas falhas, que por pouco não pedi substituição de mestre de cerimônias, como no futebol.

Eu sabia que depois do tradicional "boa noite" não haveria mais volta. Eu reafirmo: erros básicos, como a pronúncia errada do nome do reitor, nome de formandos com erros de pronúncia, palavras fáceis de serem faladas e eu, gaguejando.

Com o nervosismo tomando conta de mim, cada erro resultava em mais erros e a coordenadora do evento, Gisele, desesperava-se com a burrice de ter me contratado. Aliás, não recebi o cachê até hoje, de tanta vergonha que fiquei com o evento.

Aprendi com os erros e, ao longo dos anos, não mais errei. Pude ter leves falhas, mas nada que viesse prejudicar o andamento do evento.

Sobre a coordenadora de eventos que me contratou no episódio negativo da minha carreira, ela voltou a me dar uma oportunidade seis anos depois. Quando me contratou, emocionou-se: "Me arrependo de não ter te dado a segunda chance antes. Você me surpreendeu!"

Voltando ao caso em questão.

Eu trabalho mais concentrado quando estou à frente do cerimonial da universidade. Cada detalhe é avaliado para seguir os protocolos possíveis durante o evento. Mas deve passar pela sua cabeça a questão de como eu substitui o formando em um evento. Entenda que substituir é, nesse caso, sinônimo de expulsar, como no futebol, tirar a possibilidade de repetir a atividade, por questão de indisciplina.

Vamos ao cenário da colação de grau.

Estávamos no Teatro Renault, na cidade de São Paulo. Um dos lugares mais bonitos para fazer eventos. Tudo estava lindo, com uma bela decoração, um coral de música clássica, duas centenas de formandos do curso de arquitetura e urbanismo, mesa solene com dez componentes, sendo um deles o reitor da instituição, além do representante do Conselho Regional de Arquitetura e Urbanismo. Todo o requinte para o grande momento de consagração dos que ali estavam.

Com os processos e requisitos verificados para não haver erros durante a apresentação, direcionei-me à tribuna. O coral interpretou a vinheta de abertura e eu iniciei a cerimônia, com a tradicional saudação "Senhoras e senhores, boa-noite!"

E como na vida de um mestre de cerimônias tudo pode acontecer, ou como diz o poeta quem sabe faz ao vivo, anunciei o formando para a leitura do juramento ou compromisso do dever da profissão. Mas o formando, enquanto realizava a leitura, ironizava a profissão com palavras desconexas e piadas sem contexto ao se referir ao texto correspondente.

Observando a cena e percebendo a inquietação por parte do reitor, conselheiro do CAU e do corpo docente, dirigi-me ao reitor e perguntei-lhe qual ação tomaria para a ofensa ao curso de Arquitetura e Urbanismo.

O reitor, sabendo da minha rigorosidade protocolar, pediu a minha sugestão. Sem pestanejar, orientei a anular a leitura e convidar um novo formando para realizar o juramento. Todavia, pediu que eu explicasse o motivo da substituição do formando. Obviamente isso não era necessário, pois a plateia já havia percebido o desrespeito do aluno.

Agora era comigo e aqui a sensibilidade entra em cena, e reforço que o mestre de cerimônias sempre tem que ter muita cautela para não ser indelicado e ofensivo para com o público presente.

Eu voltei ao microfone e disse: "Este é o momento mais solene da cerimônia, é quando vocês, novos profissionais, ratificam os seus deveres e se comprometem com a sociedade, por intermédio do juramento da profissão. Mas o formando "x" infelizmente desrespeitou a profissão e a todos que compõem a mesa solene. Por isso, convido o formando "y" a proferir as palavras do juramento de Arquitetura e Urbanismo, durante o qual os demais repetirão, com seriedade, as palavras que serão lidas".

Ao término da minha fala, a plateia aplaudiu o ato de seriedade imposto à situação.

O que eu aprendi com a atitude? Agi com consciência, pois conheço o regulamento interno da instituição e do conselho da profissão específica, dando-me segurança em tomar qualquer ação paliativa para solucionar o problema.

Antes de começar qualquer evento, estude a instituição de ensino, cursos, conselhos regionais, cultura, missão, dentre outros itens que podem interferir no seu trabalho. Aos poucos, perceberá que, quanto mais informações possuir, menor é a probabilidade de se equivocar e errar perante o público, empresa, instituição de ensino, conselhos regionais, dentre outros.

Não é fácil agradar a diversas pessoas e culturas simultaneamente, mas diariamente conheço pessoas que agregam informações na minha vida pessoal e profissional. Eis a mágica de ser um apresentador de eventos.

Amigo mestre de cerimônias, espero que tenha assimilado algo com os casos citados e não passe pelo que passei. Torço para que nos palcos ou nas tribunas surjam situações para que saiba valorizar a profissão e nunca deixe de se aprimorar, a fim de se tornar um profissional com qualidades e virtudes.

Baile de gala

Vamos comemorar a formatura!

Assim poderia começar o capítulo, pois tudo na vida é festa e alegria. Todavia, cabem algumas observações para que o mestre de cerimônias possa ser uma das peças que farão parte da grande noite de pura celebração de uma conquista.

Como escrevi anteriormente, é o momento da comemoração efetiva dos formandos que sonharam em festejar com seus amigos e familiares um momento inesquecível.

Para existir o baile de gala, o formando tem que concluir o ciclo acadêmico e deve pagar para tê-lo.

Nestes anos em que milito no ramo de formaturas, muita coisa mudou para a "grande noite do acadêmico". E as mudanças foram significativas para o desenvolvimento do tipo de evento. A estrutura ficou muito melhor, porém, mesmo com charme oferecido, muitos formandos não aderem ao "produto" denominado BAILE DE GALA.

Quando comecei, em 2000, os bailes de gala eram realizados em espaços tradicionais. Entretanto, com o tempo tornou-se grande, um megaevento.

No começo, eu saía de casa para apresentar um evento modesto, no qual os convidados tinham que comprar a comida e a bebida para curtir a noite de consagração dos filhos ou amigos, e os formandos, além de terem uma única atração na noite, o imponente DJ, com sua *pickup* ou CD player, os MDs.

Nos eventos com mais investimento, o glamour era totalmente diferente e, em vez do DJ, as empresas contratavam bandas de baile especializadas. As festas eram de grande porte.

Eu ficava muito contente quando era convidado a me apresentar no Olímpia, uma das maiores casas de shows de São Paulo. Lá estavam amigos de bandas tradicionais como Santana, Santa Maria, Primeira Mão, Época, Chroma, Linha de Frente, Faixa Nobre, Réveillon, Brazilian Plaza, Degraus e as mais recentes Internigth, Out door, Santa Luz, Zaba, Matrix, Skema Livre, Mindinho, Free Som, dentre outras com as quais tenho o prazer de dividir o palco até hoje. Além da lembrança dos técnicos de áudio das bandas que emprestavam o microfone para me apresentar.

Na atualidade, os eventos são realizados em grandes pavilhões ou grandes centros de exposições e o glamour ficou mais evidente e, como dizem os MCs de funk, "agora tudo é ostentação". Em um mesmo evento, podemos ter uma banda de baile, um DJ, uma dupla sertaneja, uma banda popular, um trio elétrico etc.

Eu já tive o privilégio de anunciar artistas famosos como Ivete Sangalo, Capital Inicial, Ultraje a Rigor, Banda Cheiro de Amor,

Jorge Ben Jor, Sidney Magal, Péricles, Leonardo, Rita Lee, Latino, Kelly Key, Bonde do Tigrão, MC Ludmilla, CPM 22, dentre outros artistas que se tornaram referência na música brasileira.

Tudo vai depender do investimento de cada comissão de formatura, para que o evento seja o diferencial. Posso dizer que alguns BAILES DE GALA são disputados à risca entre as empresas e também pelas próprias turmas de formandos, pois a rivalidade interna de turmas e entre as próprias instituições faz com que tenhamos o jogo de quem pode mais.

Cabe aqui a pergunta: *"Em que isso interfere no nosso trabalho?"* Vou explicar a nossa função no baile de gala.

Em todo baile de gala, é tradicional o momento em que os formandos dançam as valsas e precisam ser aplaudidos ou ovacionados pelo público que os espera, por serem as pessoas mais importantes da noite. Para haver glamour e com o objetivo de que o nome dele seja anunciado para que fique eternizado para o marco histórico da instituição, somos contratados.

Mas o que fazemos exatamente no BAILE DE GALA? Para ser honesto e sincero, muitas vezes o nosso tempo é curto e temos que anunciar a entrada dos formandos e as valsas. Simples? Aparentemente sim. Mas cabe a nós, mestres de cerimônias, darmos vida ao momento, com todo o nosso talento e eficácia.

A seguir, descreverei as tarefas que nos cabem em cada evento denominado BAILE DE GALA:

Primeiramente, ao chegar ao local, o mestre de cerimônias deve procurar a coordenadora do evento, que passará a lista dos formandos e as atividades que ocorrerão em cada intervalo de tempo.

Lamento muito que, ao longo do tempo, passamos a meros anunciadores de nomes, fato decorrente das empresas não valorizarem o nosso papel, e mal saberem que existem técnicas para que o baile de gala não caia no esquecimento e os formandos, com os seus convidados, possam recordar com felicidade de tudo que ocorreu no evento.

Mas diante de todo o processo passado pela organizadora do evento, temos um roteiro em mãos e que será a referência para que a dinâmica do evento esteja sempre com qualidade, nunca aconteça uma queda de ritmo e a festa fique com suas respectivas peculiaridades.

Vamos entender o roteiro de cerimonial do BAILE DE GALA de formaturas, com detalhes e observações que colaborarão com o desenvolvimento técnico do mestre de cerimônias.

1. ABERTURA DO EVENTO

Após a parada da banda, entramos no palco saudando o público anunciando que chegou o momento mais tradicional do BAILE DE GALA, justamente quando os formandos dançarão as valsas com as pessoas especiais, escolhidas para fazer parte do êxito da vida deles, como estudantes. As pessoas escolhidas são os padrinhos, pais e alguém muito querido, que o aconselhou durante a conquista.

A ordem das valsas é definida pela coordenação do evento, que segue com a primeira valsa, sendo dos formandos com os padrinhos; a segunda, dos formandos com os pais; e a terceira, dos formandos com alguém muito querido.

Não existe nenhuma linha protocolar definida. A combinação ocorre entre a empresa e a comissão de formatura. Já presenciei, fora da capital paulista, na ordem de execução do baile, a inversão entre a valsa com os padrinhos e a outra com os pais, ficando pais em primeira e padrinhos em segunda na ordem de dança.

Na sequência do texto de abertura, o mestre de cerimônias anuncia a entrada dos formandos nominalmente, sem esquecer de informar o nome da instituição, o curso e o período de conclusão da turma, para quem está assistindo. Quero reforçar que a maior quantidade de informações passadas ao espectador demonstrará a importância de nós estarmos nos apresentando no evento. Caso contrário, pode-se deixar para o anunciador de nomes fazê-lo após a introdução anunciar o primeiro nome do formando correspondente.

Algumas dicas que quero deixar para você, leitor, são que para anunciar os nomes é preciso saber corretamente a pronúncia, não gerando constrangimento alheio nem desconforto ao formando e seu familiar. Aproveito a observação e reforço que o nome do formando tem que ser anunciado por completo, sem abreviação. Para entender a questão, sinta-se na pele da pessoa que está sendo apresentada. Você gostaria que excluíssem algum sobrenome seu? Não faça isso para ganhar tempo. Não adiantará nada.

O tempo para a chamada deve ser dinâmico e nunca cansativo, levando sempre em conta que a velocidade dependerá de inúmeras variáveis. Eu observo o fotógrafo que está registrando a foto de entrada dos formandos. A minha chamada é rápida e dinâmica, não prejudicando as fotografias. Existirão os casos em que você terá que acelerar o máximo possível, em decorrência da quantidade de formandos, pois o intervalo é curto para tantas atrações no evento.

A média de uma chamada nominal em uma velocidade normal, sem necessidade de acelerar, é de 60 formandos a cada 12 minutos, 100 a cada 15 minutos e 200 a cada 20 minutos. Todavia, quando o ritmo for muito rápido, a média vai de 26 minutos para 460 nomes anunciados, seguindo os processos passados anteriormente.

Vou dedicar agora um parágrafo às bandas de baile, pois é muito comum os integrantes pedirem para o mestre de cerimônias seguir lentamente, para que possam descansar. Sou solidário e levo na cadência para não prejudicá-los. O tempo do intervalo serve justamente para que os nossos amigos músicos descansem com tranquilidade.

Ao terminar de anunciar os nomes dos formandos, é preciso trazer o público através de uma saudação por meio das palmas.

2. REGISTRO FOTOGRÁFICO DA COMISSÃO DE FORMATURA

Algumas empresas pedem para que o mestre de cerimônias convide os integrantes da comissão de formatura para um registro com imagens fotográficas. O melhor momento é quando estão atentos observando os colegas que trabalharam para que o evento fosse executado, realizando o próprio sonho e o sonho dos amigos.

O registro tem que ser muito rápido e a condução é feita por nós, mestres de cerimônias, lembrando que o evento não pode ficar cansativo e moroso. O que falar nessa hora? Ser categórico e exaltar a dedicação de cada um e, em nome da empresa agradecê-los, pedindo os aplausos para a comissão de formatura.

3. ANÚNCIO DAS VALSAS

Após o registro fotográfico da comissão de formaturas, o mestre de cerimônias anuncia a primeira valsa, com o nome da canção, principalmente para dar mais ênfase à apresentação.

Quero reforçar que a primeira valsa pode ser dos formandos com os padrinhos ou pais; a segunda, pode ser dos formandos com os pais ou padrinhos; e a última, com alguém muito especial, escolhido para a noite de comemoração do estudante.

A valsa é muito tradicional, por isso é preciso tomar cuidado para não anunciá-la de forma despojada. É essencial manter a linha protocolar, pois muitos músicos valorizam o momento. Principalmente, os clássicos, eruditos e os que compõem orquestras sinfônicas.

O tempo médio de uma valsa, no baile de gala de formatura, é de três minutos. Tempo ideal para que os fotógrafos possam registrar, com imagens, a fase do evento e agradar ao parceiro de dança.

Nos últimos anos, as valsas são tocadas pelos DJs, pois as bandas de baile não mais se prontificam a tocá-las, aproveitando o momento para os músicos descansarem. Logicamente, perdemos um pouco da magia do momento. Era muito encantador vermos as bandas tocando as valsas ao vivo e com instrumentos de metal (trompete, corneta, saxofone etc.).

No encerramento de cada valsa, o mestre de cerimônias solicita os aplausos aos que dançaram e convida os próximos parceiros de valsas a se dirigirem à pista de danças, de acordo com a ordem correspondente do roteiro.

4. FOTOGRAFIA DE GRUPO

Em alguns eventos, o mestre de cerimônias terá que coordenar o registro fotográfico de toda turma de formandos, de forma elegante e não desgastante, não deixando cair o ritmo do clima de animação.

Um detalhe que acho deselegante é a lentidão de algumas turmas no momento do registro das imagens. Mesmo assim, temos que insistir para que possam ter a fotografia. O que as empresas não percebem é que o tempo é resultado de elogios. O tempo perdido gera insatisfação por parte dos convidados. Nós temos a obrigação de evitar que a demora aconteça.

Nesses anos de carreira, posso afirmar que uma das qualidades que possuo é improvisar. Nos mais de 700 bailes de gala que apresentei, o registro fotográfico em grupo foi o que mais prejudicou o tempo de um evento, deixando a noite ociosa e os convidados insatisfeitos. Mas não posso deixar de concordar que a foto da turma será a última. Infelizmente, tudo tem o seu preço. Eu sugiro que a fotografia seja feita quando a quantidade de formandos seja inferior a cem integrantes e com no máximo duas turmas para os registros. Se houver mais do que isso, deve-se abortar a atividade.

5. CÍRCULO DE HOMENAGEM

Após os registros fotográficos, chega o momento da homenagem aos formandos. Para ser feita, é fundamental uma boa condução por parte do mestre de cerimônias. Como está chegando o término da apresentação, a convocação para a formação de um grande círculo deve ser feita para que fique maravilhoso. Na verdade, é a forma de unir os formandos em pura harmonia.

O momento é de sensibilidade, pois o objetivo é agradecer em nome da empresa e deixar a mensagem de incentivo, motivação e desejo de felicidade aos que comemoram o fechamento de um ciclo acadêmico.

A homenagem se dá com uma taça de champanhe, ou outra bebida, sendo oferecida para cada formando. Enquanto se entrega a taça, o mestre de cerimônias deixa a sua mensagem. Ao entregar a última taça, ele convida ao brinde, de forma a criar confraternização e alegria. O texto proferido pelo mestre de cerimônias tem que terminar de forma alegre, com uma conexão direta com a música escolhida para a comemoração.

Como você pôde perceber, o BAILE DE GALA é puro glamour e não podemos deixá-lo se extinguir, já que a tendência é que os formandos não escolham dançar as valsas.

Caso 4 – O pulo que salvou o evento.

Espero que as situações contadas nos casos não ocorram com tanta frequência e que nós, mestres de cerimônias, não tenhamos o nosso trabalho prejudicado pelos nossos pares ou pela equipe de apoio do evento com a qual nos apresentamos.

A história que relatarei não é novidade, porém precisa de destaque para que o exemplo seja levado em consideração e os profissionais envolvidos, no BAILE DE GALA ou qualquer tipo de evento, tenham atitudes proativas que favoreçam o cliente final, o formando.

Apenas uma pausa e um comentário muito peculiar sobre proatividade nos eventos. Afirmo que estamos passando por uma safra de profissionais que não buscam a qualidade e que pensam que o evento serve apenas para faturar ou ganhar um mísero cachê.

Fico indignado com algumas situações e com profissionais que já estão há anos exercendo o ofício e se deixam levar pelo comodismo. Essa é a maior falha que alguém pode cometer, pois entra na zona de conforto, não se deixa aprimorar e ainda critica as sugestões dos mais jovens, principalmente daqueles que vêm das universidades e estão com muita vontade de crescer e demonstrar às pessoas os conhecimentos adquiridos no período acadêmico.

Vamos ao BAILE DE GALA no qual me senti um ator de Hollywood quando, em uma ação de salvar o mundo de sua destruição, pula prédios, salta de morros e, a cada objetivo alcançado, ganha uma vida.

Realmente ganhei uma nova vida ao término do evento, pois os coordenadores e produtores agradeceram a minha iniciativa em não manchar o nome da empresa perante as pessoas que estavam no salão de eventos.

Deve estar passando pela sua cabeça o porquê de eu ter pulado do palco. Vou contar a história, com detalhes.

Os BAILES DE GALA são realizados à 1h30 da madrugada. Cheguei 60 minutos antes e segui o procedimento de *checklist* da lista de formandos. Perguntei como seriam as ordens das valsas, se haveria brinde de champanhe e registros fotográficos. O local era o tradicional Clube Atlético Juventus, que recebe inúmeros eventos de formaturas.

Com a crise financeira em nosso país, tornou-se comum as empresas unificarem diversas turmas de formandos, de universidades diferentes, no mesmo evento. Isso ocorre quando o contrato não atinge a quantidade de adesões suficiente para manter o evento único, com a mesma qualidade oferecida no momento da assinatura contratual. Logo, tinha uma lista de formandos com turmas de nove instituições de ensino distintas.

Quando ocorre uma situação similar, de termos uma lista assim tão heterogênea, a dificuldade de mantermos a neutralidade entre os formandos é muito grande, pois sempre encontramos alguma universidade mais popular, ou até mesmo alguma rivalidade entre eles, obtida em jogos universitários. O controle cabe a nós, mestre de cerimônias, fazendo reinar a paz no ambiente.

Recebi a confirmação, por parte da coordenadora, de que a fila de formandos estava pronta e a lista conferida corretamente. Portanto, poderia me dirigir ao palco para iniciar o trabalho.

A banda de baile encerrou a primeira parte de sua apresentação. Depois de dois minutos, apareci no centro do palco com os holofotes centrados para anunciar os nomes dos formandos. Como faço em meu ritual, saúdo o público com a tradicional "Boa noite", solicitando as palmas às turmas de formandos. Então, convido a primeira turma, da primeira universidade, a adentrar. Mas, quando termino de pronunciar o nome da instituição, vem uma recepcionista e me diz: "É outra faculdade, e a correta é..."

Rapidamente, retifiquei a informação e anunciei o nome da universidade informada pela recepcionista. Pode ser brincadeira, mas não era a universidade informada e a outra recepcionista correu e me informou que era uma terceira instituição. Desculpei-me, com um lindo sorriso no rosto. Prossegui a chamada nominal.

Eu já não confiava mais naquela lista e em ninguém da coordenação. Mas não poderia deixar o time na mão. Anunciei o nome da segunda instituição. E o que aconteceu? Não era a que estava na minha sequência. Desta vez, simplesmente lamentei as falhas da equipe e informei que resolveria o problema.

Como solucionar o problema? Ir até o início da fila de formandos e conferir, individualmente, o nome de cada um antes de anunciá-lo. Na verdade, uma chamada simultânea com a conferência nominal.

Mas como chegar ao lado dos formandos? A resposta é que tive o meu momento de ator de filme de ação e saltei do palco, sem dublê que me substituísse. Reforço que, em fração de segundos, deixei silêncio na apresentação e resolvi o problema. Afirmo que o público, entendendo as falhas, aplaudiu-me pela iniciativa.

Quando cheguei ao lado dos formandos, segui a chamada nominal normalmente e, ao término, retornei ao palco para anunciar as valsas, as fotos em grupo e o brinde de champanhe, ou seja, tudo entrou no seu eixo natural.

Desci do palco e fui agradecido pelo dono da empresa, gerente de eventos, equipe de reportagens, seguranças e apenas uma pessoa não mais olhou para mim, a coordenadora do evento, pois se sentiu envergonhada com tantas falhas que produziu.

Eu posso dizer que aprendi com a situação e soube seguir o meu *feeling* de nunca deixar o público na mão, pois, se eu parasse para esperar a correção da ordem das filas, os formandos perderiam tempo de festa e o prejuízo da empresa seria muito maior. A partir do momento em que sou contratado, visto a camisa. Em um evento, somos uma empresa e não há ninguém melhor do que ninguém. O objetivo é apenas de satisfazer o cliente final, o formando.

Caso 5 – Onde foi parar a banda?

O título é sem dúvida inusitado, e quem o lê deve estar se perguntando: "O que se faz num evento sem uma banda de baile ou um DJ?"

Era início de carreira e eu estava em mais evento de formatura, por coincidência, estreando em mais uma empresa que dava a oportunidade de me apresentar.

Para o evento, cabe uma historinha interessante.

No início de carreira, muitas empresas negam a contratação. Portanto, quando surgem oportunidades, temos que abraçá-las com as garras que nos permitem. No começo posso dizer que tive muita sorte e as pessoas sempre me deram chances e um voto de confiança, menos uma pessoa, ou melhor, uma empresa.

É muito triste ouvir um "não" de alguém, e na vida o que mais ouvimos é não. E o não que mais senti, na minha carreira, foi o da empresa, que na verdade era uma revista do ramo de formaturas. Na época, tínhamos duas ativas que promoviam a eleição dos melhores do ano, em um evento especial, ao qual compareciam os principais profissionais do segmento.

Eu sempre fui aos eventos para ver os melhores do ano, promovidos pelas mídias impressas. Aliás, no meu planejamento profissional, coloquei em mente que estaria entre os três melhores da minha categoria, em quatro anos de carreira. Audácia? Não. Foco mesmo.

Era o começo. Poucas pessoas sabiam quem eu era. Por que apostar em alguém que ninguém conhece? Justo! Não vou contra a opinião, mas sou a favor do teste de avaliação, para que possam tecer os respectivos comentários.

Na vida profissional não há teste sem confiança. Liguei para a Revista Diplomando e agendei uma reunião. Chegando à sede, fui bem recebido, com sorrisos, abraços, café e uma cadeira para sentar e explanar a minha ideia à empresa. Como é bom se sentir uma pessoa importante na vida.

Volto a afirmar que, no começo tudo é difícil, e ter dinheiro para o marketing é pior ainda, pois não sabia o retorno que aquele anúncio daria em relação ao investimento que se faria.

Com muita audácia, que me é peculiar, perguntei para a senhora, diretora da revista, se me concederia o espaço, na edição seguinte, em troca de uma permuta, que seria realizar alguns eventos para a empresa, vender-me para algumas empresas ou beneficiar o seu cliente com o trabalho de um mestre de cerimônias.

Ela me olhou com um sorriso um pouco irônico e não titubeou na resposta. "Como vou abrir um espaço para você, se ninguém sabe quem você é e eu também não?"

Mesmo já prevendo a resposta, emudeci. Recuperada a fala, agradeci a recepção oferecida e me levantei, apertando-lhe a mão como gesto de despedida. Com lágrimas nos olhos, refleti sobre a opinião dela e não discordei. Mas acredito que, se é uma revista, poderia me apoiar e apostar em uma revelação. Saí do escritório e fui para minha casa. Estava triste, mas não perdia a fé no meu potencial.

Uma semana depois, fui à revista concorrente. Arquimedes e a Rosemary, proprietários da Revista Formaturas, receberam-me com uma alegria inigualável, a qual me contagiou demais. Conseguiram me motivar com suas palavras e deram muitos conselhos sobre a profissão e o ramo em que entrara.

Diante da receptividade da revista, propus a permuta. A resposta foi um "sim" dos mais importantes nos 15 anos da minha carreira de mestre de cerimônias. As lágrimas caíram de felicidade, de conquista e de agradecimento, pois foram primordiais para o momento inicial da vida de cerimonial. Arqui e Rose são pessoas mágicas e me orgulho de tê-los como amigos.

Muitos sabem da minha história. Fazendo comparação com minha outra profissão, a de jornalista esportivo, os dois empresários viram que à frente estava um futuro craque e apostaram suas fichas. Hoje veem que valeu a pena o voto de confiança, pois não os decepcionei.

O acordo foi a realização de eventos para cinco empresas diferentes, dentro do Estado de São Paulo, em troca de meia página na Revista Formaturas. A oportunidade foi ótima, pois as cinco empresas em que me apresentei tornaram-se clientes fiéis até hoje.

E a Revista Diplomando, vendo o meu êxito, quatro anos depois me ligou sugerindo uma permuta. Respondi: "Só aceito se for uma entrevista". Ela, dessa vez, aceitou, pois precisava do meu trabalho de mestre de cerimônias.

Mas voltando ao caso.

Ninguém imaginaria que a atração principal chegaria atrasada ao compromisso, deixando inúmeras pessoas na expectativa de vê-los cantando e dançando.

O caso aconteceu nos tempos áureos das formaturas e a banda, em questão, era uma das principais do mercado e umas das mais caras também. Não vou citar o nome da banda, pelo respeito que tenho por seus membros, já que são meus amigos. O objetivo da história é mostrar a quem está se preparando para ser um mestre de cerimônias, a forma de criar e auxiliar as empresas nos momentos de dificuldade.

Sair de casa com o foco em apenas apresentar o evento não nos torna capazes perante os demais. Eu sempre digo: "Vá além do seu trabalho e estará habilitado para qualquer desafio". No popular, "vista a camisa da empresa pela qual foi contratado".

Era mais um evento de minha carreira e cumpria mais um dia de permuta para uma das empresas parceiras da Revista Formaturas. O dono da empresa havia recusado um pedido que fiz de apresentar a formatura da minha amiga. Portanto, era o momento de mostrar-lhe que estava equivocado e errou em não dar a autorização. Aliás, hoje sou o principal mestre de cerimônias dele.

O evento em questão era uma colação de grau seguida de baile de gala. Aliás, acho muito desgastante para o público, mas era o que tínhamos de mais glamouroso na época, pois estávamos no início do novo milênio e tudo era novidade. Obviamente, a dupla comemoração não.

A decoração estava muito simples, principalmente porque o número de formandos era pequeno e a empresa não havia chegado ao número de adesões para comportar um evento de melhor estrutura.

Não havia serviço de *buffet*, tudo era vendido para que as pessoas comprassem para se alimentar. Hoje isso não é muito comum. Os clientes exigem mais qualidade nos eventos.

Um detalhe de que sempre sou contra é a unificação de instituições de ensino no mesmo evento, principalmente quando se trata da colação de grau. É muito complicado trabalhar a linha protocolar quando se tem duas escolas para a mesma cerimônia.

Mas tudo na vida é um desafio e lidar com o ego de diretores de escolas estaduais é muito gratificante no quesito aprendizado, pois sempre surge algo inesperado, sobre o qual nos cabe a orientação para mantermos sempre o ambiente harmonioso. Um conselho que adoto sempre é democratizar as decisões, convidando para uma reunião prévia os dois diretores ou os representantes acadêmicos. Aliás, o encontro será fundamental para termos controle e ordem na cerimônia que conduziremos.

O evento contava como atração musical de um coral, contratado apenas para a solenidade de colação de grau.

Tudo pronto para o início do evento. Normalmente, 90% dos eventos com essa característica sempre começam com atraso de algumas horas. É o maior índice de reclamações por parte dos clientes, ainda mais no mundo moderno, em que a pontualidade é uma das exigências mais cobradas.

Apesar do atraso inicial, a colação de grau ocorreu em seu ritmo normal, terminando em tempo hábil e agradável, voltando o cronograma ao seu rumo inicial. Os formandos foram devolver as becas e registrar o momento com fotos, ao lado dos respectivos pais.

Tudo andava bem, até que o coordenador do evento/dono da empresa percebeu que faltava algo. Como ele percebeu? Simplesmente porque o coral, que fez a colação de grau, desligou o equipamento de som e ficou silêncio no salão. O "organizador" percebeu que a banda de baile não havia chegado ainda.

Estávamos às 23h30, horário habitual das bandas abrirem a primeira parte do BAILE DE GALA com sua entrada triunfal. Porém, o vazio e o silêncio reinavam no ambiente festivo.

O que fazer? Cadê a banda? Perguntas que não saíam da cabeça daquele pobre dono de empresa. Vendo o desespero em seu rosto, diante do corre-corre da situação que vivia, fui apoiá-lo com sugestões e perguntei o que havia acontecido. Ele respondeu que o ônibus dos músicos havia quebrado e estavam chegando com um transporte alternativo, porém levariam mais 50 minutos. Então, sugeri que adiantasse a valsa e, quando a banda de baile chegasse, tocasse o repertório até o final.

A sugestão era boa, mas questionou sobre o coral não ter as valsas para tocar. Respondi que não era um problema, pois possuía um *minidisk* com as canções que precisávamos para não quebrar o ritmo do evento.

Lá se foi o empresário para a formação da fila da valsa, que por sinal foi uma das filas mais rápidas que já vi serem montadas: primeiro pela quantidade de formandos; segundo, pela praticidade e organização dos formandos, que eram disciplinados.

Os fotógrafos fizeram o circuito de fotos, que na época era mais rápido e sem muitos detalhes, ao contrário dos dias atuais, em que os formandos perdem mais de uma hora no ritual fotográfico.

Iniciei a chamada nominal dos formandos, seguindo os passos e processos citados anteriormente, no capítulo BAILE DE GALA. Anunciei as valsas com padrinhos, seguidas de pais e da pessoa especial para os formandos.

As três valsas terminaram e ali estávamos com o tempo de uma hora para enrolar e não havia mais como segurar o público, porque o coral não possuía um material musical para o baile, apenas para a colação de grau.

O desespero do homem era grande e me perguntou: "Sidney, o que fazer agora?" - e completou: "Estou arruinado!" Como não sei ver ninguém desesperado, procurei uma solução. No início de carreira, o improviso está em aprimoramento. Não há o que se falar nesta hora sem possuir recursos para tal situação. No entanto, aprendi a não deixar meu cliente na mão e ajudá-lo, mesmo que não fosse da minha alçada.

Enquanto a terceira valsa tocava, observei tudo que estava à minha volta e me veio à cabeça: "Por que não interagir com o público?" Mas como interagir com o público no BAILE DE GALA, ainda mais por aproximadamente quarenta minutos?

Seja criativo sempre.

Enquanto a música de homenagem aos formandos tocava, dirigi-me até o dono da empresa e perguntei se haviam brindes ou mimos para que pudéssemos sortear entre os formandos. Assim, prenderíamos a atenção do público e dos próprios formandos, enquanto a banda chegava. Os olhos dele brilharam com a ideia e foi verificar o que tinha no estoque de lembranças.

Não demorou muito e ele voltou com a informação de apenas dez mimos disponíveis para o sorteio, mas que providenciaria mais, para que eu aguentasse os trinta e cinco minutos de interação com o público.

Confesso a todos que me senti tenso, pois improvisar mais de trinta minutos sem recursos e não ouvir vaias e reclamações dos pais que contrataram o serviço foi muito difícil, mas consegui.

A alegria estava presente e eu não contei nenhuma piada. Adotei a metodologia de um apresentador de programa de TV popular, o tradicional animador de auditório.

Para realizar o sorteio, adotei uma competição de perguntas e respostas entre os cinco grupos de dez formandos que, durante o tempo, divertiram-se com a interação realizada em grupo. A apresentação terminou apenas quando avistei os músicos da banda assumirem os respectivos lugares.

A conclusão de tudo isso é, sem dúvida, ter ajudado uma empresa, aprendido com a situação e, em nenhum momento, ter colocado em xeque a imagem da banda. Se falar do resultado obtido com a atitude, digo que foram muitos os frutos colhidos: do evento, que era uma permuta, virei o mestre de cerimônias oficial; a amizade dos integrantes da tradicional banda; e a credibilidade dos que estavam no evento.

Caso 6 – Vamos fugir deste lugar?

Muita coisa acontece na vida de um profissional. No caso, pude ver o real valor que as pessoas dão à vida e aos seus momentos de curtir a família como se deve.

A história que vou contar é uma das mais emocionantes que já vivenciei na minha carreira. E posso dizer que são nos mínimos detalhes que enxergamos a magia de se dedicar a algo e a alguém.

Realmente aquele sábado foi um dos mais trabalhosos, mas o resultado final me deu o maior presente que um profissional pode receber quando trabalha com o público, a felicidade das pessoas.

Eu entendo que tudo que passamos é para que valorizemos o que nos é proporcionado e aprendamos com as circunstâncias da vida e com as pessoas.

Sempre afirmo que cada pessoa tem o seu valor e suas características, mas na verdade todos podem ensinar algo, indiferentemente do seu domínio cultural ou socioeconômico.

Esse caso é praticamente um ensinamento para a vida toda e, sempre que posso, conto a história, porque é um momento de superação e de dedicação exclusiva à família e à sociedade.

Era um sábado qualquer de um verão no litoral paulista, exatamente na cidade de Bertioga. Nos finais de tarde, na região, chove muito e isso gera muitos problemas para as cidades mais carentes de infraestrutura sanitária. Naquela época, a situação era muito complicada e, independentemente da quantidade de água da chuva, tudo se tornava um terror para a comunidade local.

Fim de tarde, a chuva caía normalmente e o principal ginásio municipal da cidade estava pronto para mais um grande evento de comemoração da conquista acadêmica dos alunos da escola estadual local.

Aliás, era festa na cidade e os munícipes esperavam aquele dia como se espera uma cerimônia particular: um aniversário, um baile de debutantes ou um casamento. Era a certeza de que ter casa cheia no ginásio poliesportivo.

Já que citei o local do evento, quero detalhar a sua distribuição de lugares, pois era algo inusitado e nada aconchegante para as pessoas que assistiriam à colação de grau e ficariam para o BAILE DE GALA. Os lugares principais seriam dos formandos, em cadeiras posicionadas ao centro da quadra esportiva, decoradas com uma capa branca, sem falar que as cadeiras eram aquelas de ferro, com a logomarca de uma fabricante de cerveja, que na época tinha um pinguim como símbolo. As autoridades locais, como prefeito, vereadores e corpo docente da instituição possuíam cadeiras vips e mesas exclusivas. A plateia, em geral, ficaria concentrada nas arquibancadas, as quais eram de cimento.

A distribuição de som estava com toda a estrutura na parte de trás de uma trave de futebol e uma cesta de basquete. A iluminação ficava próxima da mesa de som, em peças de alumínio montadas pelos técnicos do DJ, que seria a atração da noite. As caixas ficaram posicionadas nas laterais da quadra, com algumas próximas da mesa solene, para que pudéssemos ter qualidade de áudio durante a apresentação.

A decoração foi feita pela empresa organizadora da formatura e é lógico que o ponto de entrada, de formandos e componentes da mesa diretora, era a trave de futebol do lado contrário em que os protagonistas se posicionariam.

Resumindo, o ambiente era um local muito simples, mas para aquelas pessoas especial. Não importava o glamour, mas o significado do evento, que era comemorar o ápice acadêmico ou o tradicional recebimento do canudo pelos alunos do ensino fundamental e médio do ano de 2002.

O horário do evento foi marcado às 20h e as portas seriam abertas para o público em geral. As pessoas vestiam as melhores roupas que tinham, talvez a roupa que sempre usavam em momentos de família ou ocasiões especiais. Todos estavam felizes e a noite seria marcante para a comunidade.

As autoridades chegaram e o evento estava com o seu andamento correto. Mas era o evento de uma escola local, ano de eleição, e quem faltava? O digníssimo prefeito municipal. Isso é normal, ser estrela da festa pelo seu cargo notório.

O evento, que deveria começar às 21 horas, atrasou e foi iniciar às 22h30 e, garanto, não foi a empresa que atrasou.

E começa a colação de grau e a mesa diretora é composta, formandos entram com a euforia do momento, abertura oficial realizada pela diretora, culto ecumênico feito padre da paróquia local, início dos discursos dos formandos, professores paraninfos, diretora, e não poderia faltar o discurso curto de 24 minutos do prefeito local.

Seguimos a cerimônia com o seu ritual de homenagens aos mestres e aos pais. Porém, era verão e a chuva era intensa na região. Até parecia que, naquela noite, chuva e vento se uniam para que tudo fosse perfeito e pudesse ter uma história para contar aos meus netos.

A chuva foi tão forte que, com a ajuda do vento, a água adentrava no ginásio poliesportivo pelos amplos buracos que serviam de passagem de ar, que estavam localizados atrás do local onde estava localizado o DJ. De repente, caiu a energia no bairro e tudo se apagou.

O tempo passou e a chuva aumentava e não tínhamos nada o que fazer com a natureza, mas com a falta de energia sim, pois é o direito do cidadão: ter um fornecimento de eletricidade adequado ao seu município.

Não me pergunte sobre gerador, pois o evento não comportava tamanha estrutura de contingência.

A espera do retorno da energia elétrica foi de uma hora e quarenta minutos. Mas, mesmo assim, não ouvi nenhuma reclamação da plateia e muito menos das pessoas que estavam na arquibancada fria do ginásio poliesportivo.

Retorno à cerimônia e, de onde parei, mantive o mesmo ritmo, pois era o momento em que os formandos receberiam os seus diplomas. A chamada nominal começou e, a cada nome pronunciado, um trocadilho pelo local em que estávamos, parecia um grito de gol e a torcida festejando, a cada nova intervenção feita por mim.

A alegria presente no rosto daquelas pessoas, sem nada que pudesse alterar o sentimento de felicidade que morava em cada coração.

Ao término da chamada nominal, todos, em pé, aplaudiam os formandos com a mesma energia demonstrada no decorrer da cerimônia de entrega de diplomas.

Trabalhar com um público participativo é muito gratificante para qualquer profissional de evento, mas o que mais me agrada nos eventos que apresento é o público me ouvir, e aquelas pessoas me ouviam com uma pureza que nunca consegui descrever.

A colação de grau terminou, e todos foram para os registros fotográficos e os abraços dos pais e familiares. Fotos que não poderiam faltar, pois a educação acadêmica era muito valiosa, dali nasceria um futuro promissor para as famílias.

Quando tudo estava em seu clima de harmonia na parte de dentro do ginásio poliesportivo, na parte externa era um dilúvio fora de época e sem arca para se proteger.

Enquanto os formandos tiravam as becas e retornavam para os seus lugares, a chuva com o vento forte fez com que a água invadisse a quadra e chegasse a aproximadamente cinquenta centímetros de altura.

O público, preocupado, começou a correr e se dirigir para as arquibancadas e se concentrar naquele local. Conforme os minutos passavam, a chuva aumentava e a água invadia.

Como era uma rua de terra e próximo da praia, a água que entrava no ginásio estava totalmente suja e prejudicava a decoração. Mas o que mais complicou a noite foi o vento forte. A chuva passou dos buracos de passagem de circulação, com mais intensidade e molhou o equipamento do DJ, queimando a estrutura de som e iluminação.

Foi muito triste ver o desespero do profissional em tentar salvar o seu material de trabalho, ou melhor, o investimento de seu empreendimento, por ser autônomo e depender daquilo para sobreviver.

O dia estava atípico, e ninguém abriu mão da comemoração. As pessoas se concentraram no ginásio poliesportivo aguardando o reinício do BAILE DE GALA.

O tempo passava e a água era arrastada pelo público e os organizadores. Todos se prontificaram em colaborar para enxugar o espaço, de forma que o ambiente voltasse à qualidade anterior ao ocorrido.

Chegávamos às três da madrugada e finalmente o clima estava perto do que tivemos no início do evento, com os detalhes e as pessoas felizes. Mas tínhamos um problema para solucionar e termos um BAILE DE GALA verdadeiro e inesquecível: os equipamentos de som não funcionavam mais. O que fazer para seguirmos o padrão musical?

Muitas ideias foram oferecidas, até que um pai veio e disse que tinha em casa um som estéreo, com toca-fitas. Ele morava na rua de trás e poderia buscá-lo para usarmos.

Enquanto ele se dirigia à sua casa, os organizadores formavam a fila da valsa e a cena que mais me marcou naquele dia foi quando um pai de filhas gêmeas me procurou para perguntar como ele faria para dançar com as filhas.

A dúvida daquele homem me deixou muito pensativo pela forma como aquelas pessoas viam a vida e me mostrou o quanto somos egoístas com as circunstâncias que passamos e não damos o verdadeiro significado no que nos é proporcionado.

A resposta, com muita sensibilidade, foi ele controlar o tempo e trocar a filha conforme a melodia da valsa. Informei que deixaria a música por três minutos e, assim, ele teria o período para se deliciar com a honra de dançar com as filhas. Diante das minhas observações, ele me questionou: "E como eu entro com as duas? Eu posso entrar duas vezes, uma com a

Jennifer e a outra com a Jéssica?" Vejam que os nomes viriam na sequência. Porém, fui simples com a resposta e disse que colocaria a Jéssica para entrar depois, assim teria tempo de retornar à fila dos formandos tranquilamente.

É com ações como essas que mudamos a forma de viver e valorizarmos as pessoas que, direta ou indiretamente, participarão da nossa história.

E a valsa? E a chamada nominal dos formandos? Como eu fiz? Confesso que o momento marcou minha vida profissional. Quando vi aquele três em um estéreo e um microfone de karaokê sem CD *players* e o DJ colocou as valsas em um carro de um dos moradores, que possuía mais som que carro, com o tampão traseiro levantado para o áudio animar a festa, fiquei emocionado.

A solução foi orientar a plateia a manter o silêncio no momento da chamada nominal. Nunca vi público mais educado, humano e apaixonado pelo momento que vivia. Realizei a chamada nominal, apresentei as valsas, a homenagem aos formandos e o BAILE DE GALA foi ao som do carro tunado de um dos convidados.

Um evento inesquecível para muitos e principalmente pra mim, pois ficou eternizado em minhas recordações. Independentemente da qualidade da estrutura oferecida, o que me faz lembrar era o sorriso daquelas pessoas, com humildade, simplicidade, carinho, respeito e o principal, amor. Amor à vida e à família.

Não sei quando terei um evento com o mesmo sentimento, com a mesma energia positiva, com a paz reinando no ambiente de novo, mas uma coisa eu sei, aqueles formandos serão verdadeiros cidadãos, com princípio, valores e sabedoria de entender o sentido da vida.

O que aprendi com a experiência? Adquiri o mais importante conhecimento para a minha profissão, a FELICIDADE.

EVENTO CORPORATIVO, EMPRESARIAL, SIMPÓSIOS, WORKSHOPS e CONGRESSOS

São muitos os nomes para definir os eventos que são promovidos por empresas e conglomerados de empresas que oferecem palestras, encontros, divulgação de produtos e serviços, mas denomino EVENTOS CORPORATIVOS.

Como é um evento peculiar, as empresas não seguem padrões protocolares do que é verdadeiramente o correto para um acontecimento com tais características. A função do mestre de cerimônias é intermediar cada integrante ou participante do evento.

Em inúmeros congressos, simpósios, *workshops*, dentre outros que tive o privilégio de apresentar, há sempre um detalhe diferente em comparação aos demais tipos de eventos. De um lado, temos empresas organizando o evento e os próprios representantes de cada departamento fazem o papel de organizador e não seguem o padrão básico para que o evento tenha uma dinâmica produtiva e atinja o objetivo proposto para o público correspondente ao seu ramo de atividade. Por outro lado, temos empresas especializadas em organizar o evento. O bom evento é feito em várias mãos e o resultado final é mais satisfatório, tanto para o cliente pelo qual somos contratados quanto para o público que compareceu ao evento.

Ter alguém produzindo o evento, com os procedimentos, é fundamental para que tenhamos a oportunidade de apenas mostrar o nosso potencial no quesito apresentação e não no quesito organização, que cabe à produtora ou cerimonialista.

Suponhamos que a empresa que o contratou necessite do seu apoio para elaborar o roteiro de um evento e você, que é conhecedor dos conceitos técnicos de um cerimonial, propõe-se a colaborar para que o evento seja de qualidade, dinâmico e o principal, alcance o objetivo proposto para o projeto e deixe o contratante satisfeito. É com essa proposta que demonstrarei que o mestre de cerimônias deve saber além dos preceitos do microfone e apoiar, quando necessário, o seu cliente para não perder o alto investimento realizado. Mas sempre é bom reforçar que a função é específica de uma profissional.

Vamos exemplificar um evento com o tema "desenvolvimento de pessoas", da empresa Coaching S.A., que oferecerá palestras com especialistas do ramo de atividade do seu cliente. O que vou relatar é especificamente a elaboração do roteiro, e não do cronograma geral do evento. A consultoria sobre o tema de forma macro é feita pelo produtor ou cerimonialista e não pelo mestre de cerimônias.

Inicialmente, é preciso saber o tema do evento e o seu significado, além de descobrir o público-alvo, que são os pontos essenciais para que você consiga orientar o seu cliente. Posteriormente, descobrir se os palestrantes que estarão no evento são autoridades públicas ou apenas pessoas de empresas privadas. Avaliar o tempo estipulado para cada apresentação dos profissionais e orientar sobre a utilização dos equipamentos eletrônicos, como microfones, projetores, notebooks, dentre outros é fundamental à organização.

Definidos os profissionais, cabe a pergunta: "Haverá mesa diretora?" Se positivo, deve-se seguir as precedências protocolares da organização ou da instituição para definir quem comporá. Sempre com cautela, para não saturarem a mesa diretora ou esquecer alguém de grande relevância.

A cerimônia terá presidente de mesa e discursos ou somente serão abordados os temas, intercalando os palestrantes? Seguindo o nosso exemplo, o evento será de um congresso e é o primeiro dia do evento, não haverá mesa diretora, mas as boas-vindas do presidente da empresa. Em alguns momentos, os palestrantes abrirão para perguntas, com e sem mediador. Ao final de cada palestra, os especialistas receberão um certificado de participação no evento. Haverá intervalos para *coffee break* e almoço.

Definida a lógica do evento, é o momento de prepará-lo.

A seguir, descreverei o roteiro do evento com a configuração citada.

1. ABERTURA DO EVENTO

A abertura do evento serve para informar ao público sobre seu significado e a razão de estarem naquele auditório, abordar o tema que será apresentado, além de passar a programação do dia e as orientações referentes ao credenciamento, aparelhos que serão necessários para ouvir as palestras, metodologia de perguntas, dentre outros recados ou informações pertinentes.

É fundamental orientar que os textos sejam breves para não se tornarem cansativos para o público, pois muitas informações não são armazenadas com tanta rapidez. Reforço que a locução tem que ser suave e precisa, sem imposição aos participantes.

Ao término da introdução do evento, naturalmente algum representante da empresa realiza a saudação ao público e o mestre de cerimônias deve anunciá-lo com o tom de voz formal e sem nenhum tipo de interação de amizade, pois qualquer relacionamento é extremamente formal e a amizade fica fora da tribuna, ou seja, sem que ninguém que esteja assistindo perceba.

A discrição é a maior virtude do mestre de cerimônias e isso se deve à importância da sua função na pessoa anunciada, que deve ser de alto nível hierárquico na empresa.

Antes mesmo da saudação de boas-vindas, vale lembrar se haverá a formação da mesa diretora. Caso haja necessidade da formação, é feita antes das palavras iniciais do anfitrião do evento ou presidente da empresa.

Em muitos casos, a mesa diretora existe em evento público, ou quando se procederá à cerimônia de posse de uma nova presidência ou diretoria. No exemplo dado, o discurso do anfitrião da convenção precisa apenas ser anunciado para que o público presente o reverencie no momento.

Diante do respeito ao profissional, principalmente por se tratar naturalmente do líder geral da empresa, é interessante, ao término do discurso, agradecê-lo pedindo para que se dirija ao respectivo lugar. Reforço que se deve policiar a forma de tratamento para não ofender nenhum dos convidados com comentários não adequados à sua função.

2. ANÚNCIO DO PALESTRANTE

Antes de anunciar o profissional que fará uso da palavra e se apresentará, mesmo não sendo a função do mestre de cerimônias e sim do coordenador do evento, deve-se oferecer a estrutura tecnológica para o palestrante. Cabe-nos a verificação do material que será utilizado (por exemplo, microfone), checar se a apresentação de slides está no ponto ideal e se foram testados os vídeos ou áudios que serão utilizados durante a palestra.

A função do mestre de cerimônias é checar a pronúncia do nome, a titulação, cargo e entender o currículo, além de conhecer o tema que será abordado pelo profissional, disponibilizado no roteiro pelo produtor do evento. Lembre-se de que, no nosso exemplo, o mestre de cerimônias é o apoio da empresa e os detalhes pessoais dos palestrantes são fornecidos pelo organizador do evento, pois já haviam sido discriminados nos *flyers* ou *banners* de marketing.

Um ponto importante que destaco é referente ao tempo do uso da palavra durante a palestra. É pertinente observar e orientar o palestrante sobre o cronograma do evento, para que não interfira nos demais que virão na sequência, para o palco ou a tribuna. Vale reforçar que a interação tem que ser feita pelo responsável pelo evento, produtor ou cerimonialista, porém sempre é bom acompanhar o processo para que, numa possível improvisação, você, como condutor da cerimônia, saiba intervir para não prejudicar o andamento do que está planejado na agenda do evento.

Não é deselegante informar, por meios de sinais ou placas, que o tempo está acabando ou encerrou. Relembre sempre que a discrição é uma das principais virtudes para a nossa profissão e de outros profissionais que representam a empresa contratante. Afirmo que não sabemos quem está ao nosso lado e isso pode resultar em constrangimentos evitáveis.

Com o processo concluído, oficialmente é anunciado o palestrante. Particularmente, para dar maior importância ao convidado, antes de anunciar o nome dele, acho mais coerente introduzir seu currículo e o tema da palestra e, somente ao término da leitura introdutória, pronunciar o seu nome, convidando-o a vir ao palco, com os aplausos da plateia.

Nos meus eventos corporativos, gosto de enfatizar, com tom de voz amigável, a presença do profissional. A questão é que, independentemente do seu cargo e importância, é uma referência para aqueles que se prontificaram a apreciá-lo em sua apresentação, e cabe o nosso reconhecimento pelo seu histórico profissional.

Diante de muitos casos que presenciei, é sempre fundamental ter cordialidade com todas as pessoas que você, mestre de cerimônias, for se relacionar. Não podemos nos sobressair, independentemente do cargo ou da profissão, pois todos merecem o mesmo respeito. Talvez o parágrafo não fosse necessário, mas a sociedade nos pede a orientação para possíveis fatos que possam surgir.

Qualquer palavra ou entonação mal colocada podem afundar o nosso evento e a nossa reputação como mestre de cerimônias.

3. TÉRMINO DA PALESTRA

Ao término da respectiva apresentação do profissional, retornamos ao palco ou tribuna, para agradecer o ministrante da palestra e dar sequência ao evento, abrindo as perguntas para os participantes ou convidando-os a se dirigir à tribuna de honra, pois pode ter outro profissional que apresentará o mesmo tema com abordagens distintas. Ao final da segunda ou terceira apresentação, pode-se realizar um debate específico, com ou sem mediador.

Caso o palestrante tenha finalizado a sua participação no evento e a empresa organizadora venha oferecer uma recordação a ele, o mestre de cerimônias anuncia a entrega do presente e encerra a participação do palestrante.

Observação: não é função do mestre de cerimônias entregar o presente. Deixe alguém fazer o gesto de retribuição pela participação no evento, por exemplo, a recepcionista de apoio ou coordenadora de palco.

Quando for agradecer ao palestrante, não é preciso repetir seu currículo, porém falar o nome completo, cargo e empresa que representa. Com essa atitude, reforça-se sua importância para o público presente.

4. ANÚNCIO DE INTERVALOS DO EVENTO

Nos congressos, simpósios, feiras, dentre outros eventos, tem-se uma agenda intensa e são comuns intervalos durante as apresentações. O mestre de cerimônias tem que atentar para conseguir informar corretamente os próximos passos e a sequência do evento.

O mais correto é iniciar o texto com as orientações de preenchimento de questionários, retiradas de equipamentos de áudio para tradução simultânea, possíveis premiações e seus respectivos regulamentos, convite para visitação aos estandes, dentre outros temas. Concluídas as orientações, cabe o anúncio do intervalo e o seu tempo de duração.

> ***Observação:*** *às vezes, o tempo do break pode ser alterado em decorrência de atrasos pertinentes às apresentações. Porém, existe complacência por parte dos participantes e o entendimento é aceito com muita facilidade por parte dos congressistas.*

5. RETORNO ÀS ATIVIDADES

O retorno às atividades se dá com uma leve saudação ao público, principalmente aos que chegaram no período de intervalo, informando os recados e oferecendo as informações da agenda do evento, deixando para o final o agradecimento aos patrocinadores do congresso, simpósio ou feira que o mestre de cerimônias está conduzindo.

Costumo saudar novamente os participantes com um simples "bom-dia ou boa-tarde", de acordo com o período em que estivermos. O porquê do cumprimento é que sempre chega algum convidado ou participante, o qual merece receber a saudação.

Após a interação, lembrando que se deve atentar quanto à presença dos participantes que virão na sequência, o mestre de cerimônias anuncia os congressistas para o painel em questão, seguindo o exemplo ANÚNCIO DO PALESTRANTE, comentado anteriormente.

Uma dica ou sugestão é ter a confirmação dos palestrantes pois, ao subir à tribuna, não poderá haver falha ou o tradicional buraco em seu anúncio. O contato com os participantes é fundamental para a verificação da pronúncia do nome do palestrante, títulos acadêmicos, nome de empresas e dados pertinentes ao profissional que será apresentado.

Ao término de cada apresentação, siga as orientações de agradecimentos de acordo com o roteiro ou cronograma que se tem programado.

6. SORTEIOS OU PREMIAÇÕES

A carreira do mestre de cerimônias é movida a oportunidades e somos escolhidos para realizar atividades que descaracterizam a nossa verdadeira função ou profissão.

A atividade a que me refiro é fazer sorteios ou anunciar premiações, o que seria mais a função de um locutor que exclusivamente do mestre de cerimônias. Muitos colegas de profissão criticarão a frase, embora seja a verdade: mesmo sendo locutores registrados pela DRT (Delegacia Regional do Trabalho), a função do mestre de cerimônias é mais clássica que apenas sortear brindes em um evento corporativo, ainda mais após conduzir um grande evento recheado de boas palestras de profissionais renomados, muitas vezes estrangeiros.

Essa observação cabe para a situação em que o mestre de cerimônias está se apresentando em uma sala específica e o produtor solicita para que ele vá ao estande realizar o anúncio do sorteio de alguma premiação. Para situações em que o sorteio seja na própria sala em que o mestre de cerimônias está se apresentando, não há necessidade de uma terceira pessoa (o locutor) realizar a atividade. Já que temos que realizar a atividade, a interação estará de acordo com o clima dos convidados presentes ao evento, criterioso ou descontraído.

Quando realizo uma atividade de sorteio, procuro ser mais festivo, nunca perdendo o perfil do evento em questão. Digo isso diante do público-alvo que queremos atingir com o sorteio: é mais uma situação vivida pelos participantes e gera sempre uma expectativa alheia.

Veja como agir em alguns exemplos de eventos que necessitam de sorteios.

Evento corporativo: muitas vezes, o executivo ou profissional que frequenta congressos, simpósios ou palestras específicas, é discreto e não adepto à exposição pública, por isso não adianta ser enfático e fazer um carnaval na apresentação do vencedor, pois não agradará ao seu cliente e muito menos à pessoa sorteada. Simplesmente anuncie o nome, a empresa e peça a saudação através de palmas, o que já é suficiente, o premiado sairá satisfeito com a recordação recebida.

Evento de final de ano de empresa: aqui a formalidade tem que ficar em casa, pois ninguém quer ouvi-lo e, se o mestre de cerimônias não se adequar à festividade, perderá a empatia do público, e para atraí-lo novamente será muito difícil. Nesse tipo de evento, pode-se interagir com o público em questão.

Observação: quero destacar que, mesmo informal, a etiqueta deve prevalecer. Lembro que somos mestres de cerimônias e não imitadores ou locutores de supermercado. Não extrapole nas brincadeiras e mantenha o foco no objetivo final, que é premiar alguém.

Realmente a diversidade da nossa profissão nos dá a garantia de podermos nos apresentar para distintos públicos e nos faz peça fundamental de qualquer evento.

7. ENCERRAMENTO

Chegamos ao final do EVENTO CORPORATIVO, sempre com a mesma qualidade apresentada no início. Neste momento devem-se concluir as atividades do dia, seguindo o roteiro proposto pela empresa organizadora.

É bom lembrar que os eventos corporativos possuem as suas características e peculiaridades, por isso saiba se algum diretor deseja se pronunciar com agradecimentos finais ou queira finalizar o congresso com algum discurso exclusivo.

Caso não haja mais ninguém para se ouvir, o mestre de cerimônias deverá agradecer a presença de todos, aos patrocinadores do evento e orientar os participantes com as informações: entrega de avaliações, retirada dos certificados de participação, translado ao aeroporto ou hotéis, atividades do dia seguinte, próximos eventos, convite para o almoço ou jantar, encontro de negócios, dentre muitos temas que podem ser reforçados na situação.

Quer uma dica? Agradeça e encerre pedindo palmas, para terminar com alegria. Esse gesto tem como objetivo marcar o evento nas recordações das pessoas que dele participaram.

Caso 7 - Vamos brincar de índio?

O título gera curiosidade e aqui relatarei um dos maiores vexames que já passei na minha carreira e que me fez ser muito mais rigoroso do que era, quando o tema é roteiro de eventos.

Neste caso que contarei não consegui reverter a falha, mas garanto que, nos erros alheios, aprendi com a falta de planejamento e organização dos produtores da empresa que prestavam serviço para uma grande organização.

A inexperiência causou a minha falha, e levarei para sempre cada minuto naquela tribuna. Aliás, minutos eternos, que mereciam ser apagados da minha memória, porém vou dividi-los com você.

Eu sempre fui consciente do meu potencial e naquele dia saí da minha casa para mais um evento. Sempre orgulhoso de ter conseguido mais uma oportunidade para me apresentar pois, no começo da profissão, as chances são mínimas por não nos conhecerem.

Era um auditório lindo na zona sul de São Paulo, no qual já havia me apresentado algumas vezes. Estava muito tranquilo para a apresentação. O fato é que evento corporativo me dava um friozinho na barriga. Natural para um profissional novo na carreira.

Cumprimentei a equipe de organizadores e pedi o roteiro, que por sinal não estava pronto. Segui com meus *checklists*, testei o microfone que utilizaria, ajustei a tribuna para a minha altura. Tudo estava pronto, com exceção do roteiro que não chegava em minhas mãos.

Como era cedo e o evento tinha um delicioso café da manhã, resolvi comer alguma coisa. Na minha posição de mestre de cerimônias não sou de participar da recepção junto aos participantes por me sentir incomodado pela intromissão e também não ser o meu espaço.

Na vida, tudo é novidade. Nesse dia pude descobrir que no universo existem inúmeras diferenças de culturas. Chegou ao meu lado um índio de origem norte-americana. Interagindo com ele, vi que era cacique de uma tribo e se apresentaria para o público-alvo do evento, em seguida ao *welcome-coffee*. Bateu-me um desespero, pois o nome dele era impronunciável. Corri até um dos organizadores para entender do que se tratava o evento.

"O evento é destinado a homenagear a história de famílias indígenas americanas dos Estados Unidos da América", afirmou o organizador. Fiquei mais desesperado ainda quando completou a informação: "Teremos a honra de contar com a presença do cônsul norte-americano em nosso evento".

E o roteiro, está pronto? Nada ainda... Eu já estava gelado de nervosismo, não sabia mais o que fazer e o tempo passava rápido e a minha preocupação aumentava a cada segundo.

Faltando dois minutos para o início do evento, o organizador chegou com o roteiro e disse que apenas passaria um vídeo e iniciaríamos as apresentações oficialmente.

Eu estava numa fria, sem nada que pudesse fazer a não ser ler o calhamaço de folhas que possuía em mãos. O roteiro era tão complexo que, antes mesmo de compor a mesa diretora, eu tinha que ler sete laudas da introdução sobre a que se referia o evento, para depois anunciar a formação das autoridades principais do encontro.

Lembro, como se fosse hoje, que o texto contava a história das principais tribos indígenas dos Estados Unidos da América e continha os nomes das famílias que os colonizaram.

Pare e imagine a cena: nomes indígenas norte-americanos, com palavras no idioma inglês, que necessitariam de interpretação correspondente à região, pois se tratava de dialetos locais que conheciam e eu, logicamente, não.

Foram os vinte dois minutos mais horripilantes da minha vida, pois senti as aflições que alguém pode sentir em uma apresentação: leitura sem pausa, respiração totalmente desregulada, pronúncias irregulares, textos sem interpretação, mãos trêmulas, olhos baixos e sem interação com o público, dentre outras ações vergonhosas que alguém pode passar em um evento.

Terminei a leitura das laudas propostas e compus a mesa diretora. Quando passei a palavra ao cônsul americano, o meu trabalho estaria encerrado e, de acordo com a equipe organizadora, não haveria necessidade da minha permanência para a condução restante do evento. Na verdade, penso até hoje que o produtor me preservou de mais vexames.

O que aprendi com tudo isto? Primeiro, no período da contratação de qualquer evento corporativo preciso saber do que se trata e qual o público-alvo. Segundo, preciso do roteiro até trinta horas antes, para averiguação. Terceiro, peço o *release*, para estudar cada participante do evento. Apenas assim fico tranquilo antes de sair de casa para me apresentar, pois vexame foi só uma vez na vida e eu, verdadeiramente, "brinquei de índio" por um dia.

Caso 8 - Tenha a honra de fazer o brinde de champanhe.

No caso que relatarei ficou claro que devemos conhecer verdadeiramente o nosso cliente nos quesitos valores, missão e tradição. A história demonstra que a atenção é fundamental para que tudo feito não vá por água abaixo, ou que a apresentação não seja prejudicada por um simples detalhe cultural da nação de origem da empresa contratante.

O Brasil possui inúmeras empresas multinacionais de diversas nacionalidades. A empresa em questão é de uma cultura milenar, ou seja, uma empresa japonesa com sede em nosso território. O tipo do evento era uma CERIMÔNIA DE DESCERRAMENTO DA PEDRA FUNDAMENTAL da empresa, na nova fábrica que construíram, em uma cidade no interior do Estado de São Paulo.

Curioso ou não, eu estava estreando com a empresa multinacional no evento específico. Porém, no dia seguinte, apresentaria outro tipo de evento, com características totalmente diferentes. A segunda apresentação teria a denominação de CONVENÇÃO NACIONAL DOS MELHORES PROFISSIONAIS DO ANO para aquela organização. Sendo o primeiro contrato para o segundo evento, aproveitaram meu potencial e currículo e me convidaram para apresentar o primeiro evento.

Era um sábado, o primeiro do ano de 2010, quando saí de minha casa e me direcionei ao local de encontro, um hotel no principal ponto turístico da capital paulista, a tradicional Avenida Paulista.

Os profissionais e diretores se reuniam no *foyer* daquele hotel. Quando cheguei, fui recebido pela equipe de marketing que organizava o evento e seguimos para a cidade na qual estava situada a nova fábrica, que teria a cerimônia de abertura oficial.

A cidade está localizada a aproximadamente 250 quilômetros da capital do Estado, um trajeto com um tempo total de 3 horas e meia. Fui dirigindo o meu próprio veículo.

Um sábado muito belo, com sol e calor que encantavam a todos que visitavam as novas instalações da empresa japonesa. Estávamos passando das nove e meia da manhã, por questão da transmissão ao vivo para o país origem da empresa, que vivia um marco da sua história, com a nova aquisição.

Enquanto aguardávamos as autoridades chegarem, eu passava o roteiro com os organizadores, principalmente porque teríamos a presença do governador do Estado, prefeito local, além do presidente da matriz da empresa e os diversos diretores de departamentos, além dos representantes do Conselho Deliberativo.

A presença da grande hierarquia da empresa e os representantes públicos foi fundamental para o amplo desenvolvimento urbano daquela comunidade, que foi presenteada com a inauguração. As cidades do interior, de qualquer Estado da nação, com a chegada de grandes corporações aumentam as possibilidades de novos empregos e de ampliação da própria cidade, nos setores da sociedade em geral.

Era um evento de alta patente e de uma linha protocolar importante para a minha carreira, que já estava consolidada. Porém, estão sempre surgindo situações que renovam o meu conhecimento, garantindo o aprimoramento técnico da minha profissão.

Os minutos passaram e, pontualmente, como é cultural para aquela empresa, às dez horas da manhã, dirigi-me para o palco improvisado diante da "pedra fundamental", que seria descerrada para que os novos funcionários ou os antigos pudessem exercer as suas atividades na nova sede da corporação.

Iniciei o meu trabalho saudando o público presente, agradecendo ao presidente da empresa, aos diretores, conselheiros, autoridades públicas e privadas e aos colaboradores. Dei início à introdução histórica da empresa e relatei os marcos conquistados ao longo da permanência em nosso país. O texto teve uma duração de cinco minutos, decorrentes da quantidade de laudas oferecidas.

Ao término da introdução de abertura do evento, convidei o presidente mundial da empresa para discursar. Neste caso, fui o intérprete do discurso, proferido em japonês. Antes de tudo, deixe-me explicar que não falo japonês e estava acompanhando a leitura e, a cada parágrafo, intervinha com a tradução simultânea da mensagem lida pelo líder geral da corporação.

Uma observação muito condizente ao tema é dizer que é sempre importante contar com um tradutor-intérprete para uma situação de improviso realizada pelo representante da empresa, que era justamente o homem forte da organização.

Quando finalizadas as palavras do presidente da empresa, tivemos o privilégio de entoarmos os hinos nacionais do Japão e Brasil, respectivamente.

É fundamental reforçar que, em muitos eventos de dupla nacionalidade, há a obrigatoriedade protocolar para cumprir e a nação anfitriã tem o seu hino nacional entoado posteriormente ao da nação visitante ou convidada.

O evento era um marco histórico para a cidade. Antes dos hinos nacionais, teve-se o hasteamento das bandeiras em seus respectivos mastros, com o ritual protocolar, respeitando os símbolos da nação e dos países originais de cada bandeira.

Como o presidente mundial da empresa já havia feito a saudação ao público presente, anunciei o vídeo institucional da empresa, que mostrava a trajetória da construção da nova fábrica na cidade do interior do Estado de São Paulo.

O vídeo institucional resumiu muita coisa que poderia ser dita na tribuna, portanto partiu-se aos discursos das autoridades envolvidas no projeto e no processo de ampliação da empresa no município.

Diversas pessoas se pronunciaram: o presidente nacional da empresa, o governador do Estado de São Paulo, o prefeito municipal, além de dois grandes parceiros do complexo empresarial.

Em um evento com tais características, os grandes líderes de empresas e os representantes do Estado sabem que o discurso é direcionado para o agradecimento da parceria e do incentivo para os novos negócios e oportunidades que a comunidade local receberá com a nova empresa.

Antes mesmo da cerimônia de descerramento ocorrer, não poderiam faltar algumas apresentações de grupos musicais típicos das duas nações, demonstrando a união entre os povos brasileiro e japonês.

Diante das apresentações, vamos à cerimônia mais esperada do dia.

Tudo começa com o plantio de uma árvore, demonstrando aos presentes que as ações sustentáveis fazem parte da missão da empresa em todo o planeta. A ação se dá com o patriarca retirando, com uma pá, um pouco de areia, no buraco já feito pelos profissionais especializados. Simbolicamente o mesmo líder da empresa, com o ritual de reflexão religiosa, acompanhado pelo pároco local, coloca a pequena muda para que se torne uma grande e bela árvore, marcando oficialmente, com aquele gesto, as histórias de muitas pessoas que passarão pelo terreno fértil.

Aplausos para a ação humanitária, mostrando que todos devem salvar o meio ambiente e aquela empresa defenderá os princípios sustentáveis. E aproveito para dizer que a cada mês é plantada uma muda de árvore, em comemoração ao período da construção e inauguração.

O presidente deixa o lugar e dirige-se, acompanhado das autoridades presentes, à frente da pedra fundamental. Eu começo a introdução do texto. Está inaugurada mais uma fábrica da empresa japonesa e um país de fora é, simbolicamente, abraçado pela população local.

No roteiro do evento, as autoridades da empresa, governo e iniciativa privada, além dos convidados, visitaram a nova fábrica conhecendo cada metro quadrado da nova realidade, demonstrando a infraestrutura e a modernidade dos equipamentos que seriam utilizados para a fabricação dos produtos da corporação.

A visita durou aproximadamente vinte minutos, tempo de prepararem um novo ambiente em que seria realizado o almoço de confraternização.

Enquanto as autoridades visitavam a fábrica, eu ajustava os últimos detalhes da pequena apresentação que faria. Ajustes como, por exemplo, as pessoas que se pronunciariam e a apresentação da nova diretoria da empresa.

Tudo pronto, todos sentados, chega o momento de retornar às minhas atividades. Fui à tribuna e iniciei a minha introdução, com poucos detalhes, decorrentes dos seis discursos que teríamos na etapa do evento.

O evento contou com a fala do presidente da empresa, do governador do Estado, do prefeito local, do presidente da empresa na América Latina, do presidente da empresa no Brasil e do diretor regional da empresa. Na verdade, os discursos foram de boas-vindas à nova casa e à nova estrutura, com uma nova visão do que foi feito ao longo daqueles anos de investimentos.

Ao término dos discursos, anunciei a nova diretoria regional, com a anuência dos presidentes da empresa. Os novos diretores foram cumprimentados e saudados pelo público presente, que eram os novos profissionais que trabalhariam no espaço.

Antes mesmo de anunciar o almoço aos presentes é tradicional, no país de origem da empresa, brindar as conquistas e enfatizar a importância de cada etapa do desenvolvimento econômico.

O mestre de cerimônias, seguindo o roteiro do evento, convida os responsáveis pela empresa (presidentes da América Latina, Brasil), governador do Estado e prefeito da cidade, ambos com suas respectivas esposas, e diretores regionais vindo à frente. Os demais funcionários e colaboradores ficam nas mesas para brindar.

O curioso do brinde foi que a empresa produz um produto de leite fermentado e estava lançando no evento um novo produto do mesmo segmento. Como marketing e apresentação, todos brindariam com a caixinha do produto na mão.

O mestre de cerimônias conduziu o brinde normalmente com muita alegria e felicidade, de acordo com os procedimentos do tipo de apresentação em um evento, sem nada que desapontasse os convidados, com exceção de uma pessoa que realmente ficou furiosa com a atitude.

A empresa é japonesa, toda a cúpula do país estava em nosso território para confraternizar a inauguração da nova fábrica e o lançamento do novo produto, o evento contou com as autoridades públicas e privadas, o ritual foi seguido corretamente. Seria um dia inesquecível se não fosse o erro da organização e do mestre de cerimônias.

Mas será que o erro foi do mestre de cerimônias? Avaliando a história e entendendo o fato, o erro só poderia ser de quem elaborou o roteiro. Talvez eu pudesse ter atentado ao fato, mas em hipótese alguma poderia crer que isso faltaria no roteiro da exigente equipe de produção da empresa.

Você deve estar se perguntando que erro aconteceu. O erro foi tão significativo que fui obrigado a me dirigir ao presidente geral da empresa e me desculpar pelo equívoco, como se eu mesmo fosse o culpado direto pela situação.

Ao chegar ao seu lado eu, todo tímido, saudei-o com a reverência oriental, inclinando minha cabeça e estendendo minha mão para saudá-la com a reverência ocidental. Iniciei o diálogo em inglês, idioma em que não tenho fluência alguma, e o presidente da empresa me respondia em japonês, de forma ríspida e sem nenhum pudor nas palavras. Sorte que não entendia nada, porém a intérprete estava ao meu lado e as caretas que ela fazia não eram boas, mas eu estava lá para me desculpar pela grande falha cerimonial.

A falha em questão é que, na cultura oriental, o brinde, em qualquer cerimônia, tem quer ser oferecido pelo anfitrião e justamente o presidente da empresa era o responsável pela ação e não o mestre de cerimônias.

Entendi a situação e me coloquei no lugar dele, mas não havia mais volta diante do ocorrido. No dia seguinte, tive mais um evento para aquela empresa e, com a experiência obtida no dia anterior, apresentei as autoridades e o brinde ficou a cargo do presidente geral da empresa.

Concluo a história oferecendo "um brinde ao aprendizado conquistado no caso".

Caso 9 – Sigam o mestre!

Esta é a história que os mestres de cerimônias querem viver e eu tive o privilégio de ter a oportunidade em minha carreira. Não imaginei que um dia teria tanto reconhecimento profissional, e adianto que pude participar de uma comitiva presidencial.

Era uma segunda-feira qualquer. Cumpria as minhas atividades diárias com as apresentações que me cabiam exercendo com a mesma dedicação que me apresento. No entanto, de repente, o meu telefone tocou informando um convite para um trabalho no dia seguinte.

Tudo parecia normal, pois receber convite de trabalho na véspera do evento é muito comum para qualquer profissional da nossa área. Todavia, a contratação tinha perfil diferente e o mestre de cerimônias deveria ser bilíngue, português e espanhol. Até então nenhuma novidade, pois estou habituado a tal atividade. Acertei os valores de cachê para a oficialização do contrato.

O processo aconteceu no período da manhã daquela segunda-feira, em que, a meu ver, tudo foi muito rápido e sem muitas exigências, já que o projeto fora feito inesperadamente pelos organizadores.

O detalhe do evento é que seria uma apresentação para a prefeitura de uma cidade no interior do Estado de São Paulo. Diga-se de passagem, uma região com amplo desenvolvimento econômico.

O dia passou e, no final de tarde, o meu telefone voltou a tocar com o mesmo número que me ligara no período matutino, porém a organizadora, um pouco mais ansiosa, pediu-me para ir naquele dia mesmo para a cidade. Era uma das exigências do cliente. A hospedagem seria em um hotel pré-determinado, por questão de segurança.

Eu não compreendi a exigência, pois o município está a pouco mais de 100 quilômetros da capital paulista, a qual é a minha cidade natal e também de origem. Em outras ocasiões, vou no mesmo dia e sem custo adicional de hospedagem para o meu cliente, apenas o deslocamento. Independentemente da minha explicação à cliente, fui incumbido de dormir no hotel especificado. Que bom! Dormirei até mais tarde, pois não precisarei despertar cedo e pegar a estrada para realizar a apresentação.

No dia seguinte, iniciei o processo de preparação para a minha apresentação: o inevitável aquecimento da voz, exercícios fonoaudiólogos, para que não tivesse nenhuma falha no meu material de trabalho, a voz. Mas tocou a campainha. Eram dois policiais da Guarda Civil Municipal informando que sairia em trinta minutos.

Interessante ou não, quando cheguei ao local do encontro, fui recebido de forma muito cortês pela Guarda Civil e com pompas de um chefe de Estado, pois o meu carro estava entre dois carros oficiais da Polícia Civil, que me conduziria até o centro de eventos. Senti-me desconfortável pela situação, em decorrência do fato de apenas ser o mestre de cerimônias, pelo menos pensava que seria apenas isso.

Foram longos vinte minutos. Eu dirigindo e a polícia local me escoltando. Ao chegar ao local específico, fui recepcionado pela equipe da coordenação do evento e meu carro foi levado até um ponto demarcado para as autoridades, mesmo não sendo nenhuma autoridade. Recebi a informação de que seria o cerimonialista da comitiva do presidente do Equador, Rafael Correa, no Brasil, visitando uma cidade de amplo desenvolvimento tecnológico no interior paulista.

Fiquei muito assustado diante da responsabilidade que me passaram e afirmo que até orientei que deveria ter sido avisado anteriormente, pois são vários os pontos que o cerimonialista tem que cuidar para um líder de outra nação. Não há como avaliarmos as exigências protocolares para uma recepção tão importante como a de um presidente estrangeiro em nosso país, sem tempo hábil para a execução.

Diante de tudo o que me acontecera, busquei as informações do evento e os detalhes sobre a estratégia da chegada do líder e sua comitiva. Verifiquei quais autoridades estariam presentes, se haveria imprensa e qual o limite de contato e de espaço que os jornalistas teriam e também a acomodação da tribuna de honra. Conversei com o chefe de segurança para entender a ação de preservação da integridade física do presidente, avaliei os rituais da cultura equatoriana para não haver games durante o evento, conversei com o chefe de cerimonial equatoriano para entender e conhecer as autoridades que faziam parte da comitiva e suas precedências e verifiquei os símbolos dos dois países (hinos nacionais e bandeiras) para saber se tudo estava pronto.

Enquanto avaliava os requisitos para que o evento fosse um sucesso, recebi a informação de que o helicóptero do presidente havia saído do heliporto e que, em minutos, chegaria ao local no qual o esperavam.

Nos poucos minutos que me restavam, aproveitei para colocar as fichas de precedências das autoridades brasileiras e equatorianas em ordem, segui até o auditório para ver a questão da passagem do presidente, pedi para as pessoas ocuparem seus respectivos lugares e realizei os últimos testes do áudio e vídeo, para que pudéssemos nos precaver de quaisquer falhas.

Então, o chefe de segurança veio em minha direção com informação de que, em no máximo três minutos, o helicóptero pousaria. Dirigi-me ao heliporto com o prefeito local e a primeira-dama, ministros do Equador, presidente da Câmara da cidade, vereadores, presidente do Instituto em que estávamos, além do cerimonialista equatoriano, juntos estávamos chefiando a visita presidencial.

O helicóptero pousou e iniciou a saudação presidencial e o ritual de cumprimentos. Mesmo diante de toda diplomacia, a informalidade entre os políticos era muito presente.

Iniciaram a visita às instalações no centro tecnológico, com olhares de encantamento da maior autoridade equatoriana, que tecia comentários pertinentes ao que apreciava. Enquanto o processo da visita técnica era cumprido, dirigi-me ao auditório para verificar se a linha protocolar estava em perfeita execução. O ilustre visitante chegaria ao local em um minuto.

Iniciei o evento saudando o público presente e convidei a se posicionarem em pé para a recepção do presidente do Equador, Rafael Correa. Como não houve mesa diretora, não foi necessária a composição. Apenas foram faladas as palavras de boas-vindas ao anfitrião e o prefeito da cidade do interior paulista, que aproveitou o momento para suas abordagens para o projeto que seria assinado entre as cidades das nações brasileira e equatoriana. Após as palavras do líder da cidade, anunciei os hinos nacionais dos países, que foram interpretados pela orquestra sinfônica do município.

Encerrada a execução dos hinos nacionais, o discurso foi do secretário municipal de desenvolvimento econômico, que adiantou a ideia da nova parceria. O discurso contou com algumas ilustrações referentes ao que nós, brasileiros, estávamos oferecendo e o que esperávamos dos nossos vizinhos sul-americanos.

Chegou o momento do discurso ou palestra do presidente Rafael Correa. Ele caminhou até a tribuna e, ao chegar, estendeu-me a mão para me cumprimentar e disse: "Bela voz, muito rara em cerimônias em meu país". Senti-me orgulhoso e feliz pelo elogio, aliás, elogios assim não são comuns.

Iniciou as suas palavras com um discurso de aproximadamente dezoito minutos e deixou a tribuna em direção ao seu lugar de origem. Todavia, Correa se esqueceu de anunciar o vídeo que estava combinado. Fui a ele, que me disse sorrindo, demonstrando uma simpatia peculiar: "Fique tranquilo, você sabe o que fazer e pode anunciar e informar que eu me esqueci."

Como sou muito discreto e também responsável em todas as minhas atitudes, não falaria jamais do esquecimento. Adotei um discurso de que o vídeo era um *plus* do evento e que havíamos sido presenteados com imagens belíssimas das cidades turísticas do Equador.

Em seguida ao vídeo, foi a assinatura do documento de parceria mútua entre os dois líderes, representantes de suas províncias. Quando terminou o ato oficial, li a ata de reunião nos dois idiomas e solicitei os aplausos para a nova conquista entre ambos os povos.

Encerrei as atividades cerimoniais com os agradecimentos pertinentes e convoquei a todos que acompanhassem a saída da comitiva equatoriana, sem se deslocarem dos respectivos lugares, por questão de preservação e segurança.

Despedi-me dos contratantes e voltei à minha cidade de origem.

O que aprendi foi que o mestre de cerimônias tem que estar preparado para todas as situações. Tenha conhecimento de tudo e saiba se expressar além de sua função, pois nunca saberemos quando seremos testados. No meu caso, nunca imaginaria que teria a honra de ser escoltado, chefiar uma comitiva presidencial e que seguiriam as minhas orientações para que não houvesse falhas protocolares.

Resumindo, mesmo sendo um evento com muitas omissões de informações, afirmo que foi muito gratificante o desafio de sair da zona de conforto e mostrar meu potencial, a minha capacidade, mas o principal, adquirir experiência para outras situações como a vivenciada.

BAILE DE DEBUTANTE OU FESTA DE 15 ANOS.

Chegamos a um tipo de evento social que realmente encanta e o glamour se faz presente por toda a noite da festa. A história começa na cultura europeia e a palavra debutante vem do francês *débutante*, que significa iniciante ou estreante. O baile de debutante é um rito de passagem da menina que, ao completar quinze anos, é apresentada para a sociedade. O baile torna-se, com todas as pompas de um cerimonial, inesquecível à família e à menina, que chega ao ciclo de passagem da adolescência para a fase adulta.

Mas atualmente as pessoas sempre me perguntam: "Existe ainda festa de debutante?" E complementam: "Eu pensei que isso ficou no passado". Por que as pessoas pensam que fazer uma festa de debutante com cerimonial acabou? Simplesmente porque o evento é tradicional na sociedade. Mas está cada vez mais presente na vida das meninas que sonham com o dia de princesa ou em viver intensamente um conto de fadas. Mesmo com a modernidade, as meninas ainda não perderam a magia do dia. A pureza da inocência não é a mesma do século passado, porém a sensibilidade continua a mesma. Os pais vivem intensamente e se doam para não desapontarem as filhas e o ego, ao mostrar aos amigos o bem mais precioso que possuem.

O planejamento é muito grande, tudo é definido nos mínimos detalhes e obviamente o cerimonial se faz presente ao tipo de comemoração. A festa de debutante é um evento em que todo detalhe é pouco para o mestre de cerimônias apresentar. Muitas vezes o nosso trabalho não é entendido como deveria e os contratantes imaginam que só vamos anunciar a entrada da debutante. Mas, quando percebem, há 15 casais, joia, homenagens para mãe, avó, tia e muitos que são lembrados conforme o dia da festa se aproxima. Os minuciosos ajustes surgem e os pais correm para nos contratar.

Aqui aproveito para esclarecer que muitos pais pensam que o DJ pode fazer a nossa função. Engano de quem pensa isso. O profissional das *pickups* pode até ter a qualificação para nos substituir, porém a cerimônia perderá o brilho por questão de logística. Afirmo que uma pessoa não consegue operar os equipamentos e falar com emoção ao mesmo tempo, porque as concentrações são distintas e o resultado final não será o mesmo. Por exemplo: eu sempre uso o tema com a comparação de um locutor de rádio FM e um apresentador de AM. Por experiência própria, sei que um locutor de FM consegue falar e operar o computador, porém em um programa jornalístico ou programa de comunicação, a dificuldade de passar a mensagem e a informação aumenta com as duas ações, falar e operar. Então, se quer emoção no evento, tenha o conjunto mestre de cerimônias e DJ, assim será inesquecível a noite dos sonhos da debutante.

A função do mestre de cerimônias é oferecer aos pais a tranquilidade, por intermédio da técnica e experiência da profissão. Após a contratação, começa a definição do escopo do roteiro que será seguido no dia do baile de gala da debutante.

É importante lembrar que o mestre de cerimônias é quem apresenta o evento e quem gerencia as atividades durante a festa e é o cerimonialista, que tem a tarefa de cuidar das atividades, dos profissionais que estão contratados e do cronograma da festa no âmbito geral. Todavia, o mestre de cerimônias apoia ou define o roteiro a ser seguido no dia do evento.

O roteiro depende de sua dinâmica para não se tornar desgastante e a lógica que apresentarei a você, leitor, se dá no que entendo ser o mais qualitativo, pelo tempo de emoção, explosão, glamour e alegria.

Ao longo dos anos, percebi que nenhum evento pode perder suas características: emoção, explosão, glamour e alegria. Por isso, na minha metodologia, é como numa novela ou num filme em que se tem a introdução da construção da história, o desenrolar e a cena marcante da conclusão do roteiro.

A festa de debutante é esperada por todos, principalmente os familiares e amigos da menina que completa quinze anos. O mestre de cerimônias tem que ser sempre o mais discreto nos eventos, e sucinto (por que não dizer prático?), porém emotivo. A emoção se faz presente na alegria, no romantismo e no charme das pronúncias das palavras. Então, tome cuidado com tempo da cerimônia. O que o jovem quer é balada, e não nos ouvir.

O roteiro que apresentarei deve durar cinquenta minutos. Tempo suficiente para que o público aproveite a noite e o cerimonial não seja desgastante. O estudo foi feito e infelizmente não vou descrever o tempo que leva cada tópico, porque não é o foco do livro, mas posso tirar a sua dúvida, caso venha a se interessar a fundo pelos números.

Em todo baile de debutante, a organização é fundamental para que tenhamos um ambiente de qualidade no cerimonial. Um fator que me preocupa é ter tudo pronto para iniciar a apresentação. O que tenho o prazer de fazer é orientar as pessoas que participarão do cortejo, principalmente para apoiar a assessoria para que o cenário fique perfeito para os registros fotográficos e cinematográficos.

O trabalho do mestre de cerimônias é um conjunto de ações nas quais as atividades dele próprio, do DJ, dos repórteres fotográficos, cinegrafistas, assessoras, *maîtres*, dentre outros interajam para conseguir chegar ao êxito final. Lembre-se de que a apresentação é mais uma atração da noite, todavia o resultado se dará com boas imagens e ótimo áudio, com excelente sonoplastia musical.

O mestre de cerimônias tem que ser discreto. Não queira ser a estrela da noite e ficar aparecendo na filmagem. Quem tem que aparecer é a debutante e a família. Escolha um lugar neutro para se posicionar. O mestre de cerimônias tem que aparecer no início e no fim do evento, para ter a sua imagem registrada no evento, mas ressalto que deve ser o mais discreto possível.

Então, vamos ao trabalho.

1. ABERTURA

Todo evento precisa de uma saudação para o público e, nos meus cerimoniais, gosto de contar um pouco a história da debutante e os preparativos para sua chegada à vida. Por isso, faço uma entrevista minuciosa para saber sobre os momentos que antecederam seu nascimento e um pouco da história dos catorze anos vividos pela garota, colhendo detalhes que marcaram o relacionamento com os pais, familiares (irmãos, avós, padrinhos) e amigos.

A vida da família é tão importante que a sensibilidade se faz presente para que possamos, por intermédio de nossas palavras, reforçar os valores e o sentimento do amor entre todos que convivem com a debutante, principalmente os pais e os irmãos. A introdução nos dará a percepção de como o público se comportará durante a apresentação.

2. CORTEJO DE HONRA

Após a saudação ao público, chega o momento de formarmos o cenário ou o ambiente para a recepção da debutante.

Temos que anunciar as pessoas especiais que foram escolhidas para o momento e são fundamentais para participar do cerimonial. Mas não podem ser diferentes dos pais, que são os anfitriões, os avós, pela origem da família, os irmãos, pelo companheirismo, além dos padrinhos de batismo.

O cortejo de honra tem a finalidade dos familiares acolherem a debutante. Todavia, na sociedade em que vivemos, muitos pais se separam e a ordem da entrada fica alterada. Portanto, use a sensibilidade, lembrando sempre que não se pode poluir o ambiente do cerimonial, que é a pista de dança. Muitos espaços de eventos não têm acomodação para tantas pessoas.

Tenha sempre a atitude de respeitar os lados envolvidos. Nunca opine sobre a vida alheia do seu cliente e o bom senso tem que prevalecer. O mestre de cerimônias, como chefe do cerimonial, não pode tomar partido para o lado mais forte, por exemplo, o que fez a contratação. Lembre-se de que centenas de pessoas estão no evento e é o sonho de uma menina. Em último caso, veja qual a opinião da debutante que poderá responder pelos familiares.

Uma observação importante e delicada: quando o cerimonial contar com o ritual das quinze velas, a mãe, ao adentrar, deverá acender a vela-mãe, já que será por intermédio dela que os cavalheiros acenderão a vela correspondente para entregar às damas de honra. As orientações serão passadas pela cerimonialista, mas cabe o auxílio do mestre de cerimônias para não haver falhas.

3. ENTRADA DOS 15 CASAIS

É o momento de muita alegria para os amigos da debutante, pessoas especiais escolhidas para fazer parte da cerimônia, representando cada ano de vida da garota. Em alguns estados ou países, utilizam a quantidade de catorze casais. O décimo quinto seria justamente a aniversariante e o seu cavalheiro de honra, ou príncipe de honra. Todavia, tudo se populariza e atualmente utilizam a escolha de quinze casais.

Mas como atuar com os casais em um cerimonial? Após as orientações passadas, saberão o que terão que fazer, o local onde ficarão e as respectivas atividades durante a apresentação.

Eu não posso ser omisso com o tema, pois sei da dificuldade de mão de obra que encontramos no mercado. As assessoras de eventos não conhecem ou, infelizmente, não se especializaram para tal evento. Não generalizo, mas vemos muitas pessoas que fazem da atividade uma forma de complemento financeiro, o que prejudica os profissionais que se aprimoram. Portanto, o mestre de cerimônias tem a obrigação de ser o chefe do cerimonial e orientar as pessoas que participarão do ritual.

Como o tópico é ENTRADA DOS 15 CASAIS, que tipo de orientação deve-se passar ao grupo de amigos?

Entrada com ritual das velas: os casais são divididos em números e são enfileirados, na tradicional fila indiana, um atrás do outro. Recebem a numeração correspondente ao lugar que se posicionarão na pista de dança, para que se tenha um sincronismo, colaborando com a filmagem e a plástica cenográfica do evento. Para uma fácil identificação da posição de cada um deles, oriento os casais ímpares a se dirigirem para o lado esquerdo e os pares, ao direito.

Quando o mestre de cerimônias anunciar os casais, cada cavalheiro pegará a vela correspondente na mesa e entregará para a dama de honra. Com a vela na mão, dirigir-se-ão à respectiva posição. O processo será o mesmo, até o décimo quinto.

Entrada sem ritual de velas ou outro objeto simbólico: os casais serão apresentados e, ao aparecerem no salão, não precisarão pegar nada e deve-se apenas orientá-los que, ao adentrarem, deverão parar para o registro fotográfico e caminhar para seus respectivos lugares.

Orientações fundamentais para que o ambiente ou cenário esteja perfeito para a recepção da debutante:

4. ENTRADA DA DEBUTANTE

O momento mais esperado pelos convidados é quando a debutante é apresentada para a sociedade com seu novo vestido, ou seja, o segundo da noite.

O mestre de cerimônias tem que saber que é um momento de emoção, glamour e muita explosão. O anúncio da entrada da debutante tem que ser inesquecível para os convidados, mas eterno aos pais.

O que aconselho é justamente criar a expectativa no público e, quando tudo estiver pronto, anunciá-la. A alegria sempre presente nas palavras nunca sairá das recordações de quem está assistindo ao cerimonial.

5. ENTRADA DO PRÍNCIPE DE HONRA

Muitos questionarão por que não foi anunciado o príncipe de honra antes da debutante. Simplesmente porque o amigo escolhido se preparou para o momento e sempre terá uma roupa especial. Para não apagar a surpresa dele para com os amigos, é prudente e mais clássico o príncipe de honra adentrar para recepcioná-la, sendo anunciado após a apresentação da aniversariante.

O anúncio do príncipe de honra se dará durante a música da debutante, quando ela estiver no seu trajeto, na passarela ou em escadas, sendo ele quem deverá se posicionar sempre no início da passarela ou à frente da escadaria. A saudação deverá ocorrer com muita delicadeza e cavalheirismo. Juntos, caminharão até o centro da pista de danças e ao encontro dos pais, que abraçarão e demonstrarão carinho e amor à filha querida.

Há a opção de, quando o príncipe é o irmão, entrar com os pais no cortejo de honra ou seguir o processo acima. O mais clássico é a opção dele recepcioná-la, entrando na sequência da debutante.

Quando o príncipe for algum artista famoso, temos que tomar cuidado para não ofuscar a debutante e, o mais coerente, é entrar depois dela para recepcioná-la, ou ela ser recepcionada pelo pai e o príncipe famoso apenas surgir no momento da valsa ou da dança com a aniversariante.

6. SAUDAÇÃO À DEBUTANTE PELOS PAIS

Ao ser ovacionada pelo público e chegar ao centro da pista de dança, os pais seguem em sua direção para recepcioná-la e cumprimentá-la com carinho e amor que são peculiares à família. Afirmo que é um momento muito especial da família e as primeiras lágrimas surgem diante da sensibilidade que aflora nos corações deles, pais e debutante.

A preparação do mestre de cerimônias se dá por intermédio das palavras, com objetividade e muito sentimento, mas sem divagação. Seja emotivo, e não piegas.

7. CERIMÔNIAS DE PASSAGENS DE CICLO

Em muitas cerimônias de baile de debutante, alguns ritos são realizados, como a TROCA DOS SAPATOS, ENTREGA DA JOIA E PASSAGEM DA BONECA. E nós, mestres de cerimônias, temos que atentar em relação à lógica dos fatos e circunstâncias, pois cada um dos rituais possui a sua respectiva conotação e está ligado ao outro diretamente.

Vamos aos rituais que foram comentados.

Troca dos sapatos: quando receber os cumprimentos dos pais, o príncipe de honra, com todo cavalheirismo, leva a debutante até a poltrona para que inicie o rito da troca dos sapatos. Os sapatos serão trocados pelo pai da debutante ou aquele que se faz responsável pela educação e as orientações de vida. O ritual serve para que, diante dos novos sapatos, seja abençoado o caminho que será promissor no novo ciclo de vida que inicia. Na verdade, é a renovação dos passos da trajetória de vida, as responsabilidades aumentam e a debutante poderá seguir com a proteção dos pais e familiares.

O mestre de cerimônias deve se preparar para que o texto elaborado venha ao encontro da circunstância e o tempo deve ser adequado para o período em que o pai realizará a ação da troca dos sapatos. É sempre bom lembrar que ações involuntárias resultam em ações rápidas e lentas, por isso saiba improvisar para não se desconectar do roteiro. Lembre-se: o mestre de cerimônias é o maestro e o condutor dos fatos.

Entrega da joia: com a posse dos novos sapatos, a debutante é levantada pelo pai, que a direciona para a pista de danças, ao lado da mãe, que é tão importante quanto o pai. Neste instante, temos que reforçar a importância da família. O pai presenteará a filha com uma linda lembrança.

Veja que alterei para lembrança, mesmo com o nome tópico sendo ENTREGA DA JOIA. O mestre de cerimônias tem que saber o que será oferecido à debutante, pois realizará a introdução da ação. Digo "lembrança", porque algumas famílias querem inovar no presente ou não possuem condições financeiras para o momento. Mas será entregue uma joia à debutante.

Para conduzir a homenagem, o mestre de cerimônias deverá descrever o privilégio de presentear a filha com uma joia, para que o ciclo de passagem de menina para jovem mulher seja eternizado pelo gesto oferecido pelos pais.

Com a joia entregue, o pai segurará na mão da filha e, com elegância, a apresentará para a sociedade.

Observação: Da mesma forma do rito TROCA DOS SAPATOS, a nossa sensibilidade na descrição dos fatos é essencial, lembrando a emoção do momento e também a objetividade nas palavras.

Cerimônia da boneca: veja que os fatos estão ligados um ao outro e a nossa princesa está pronta para manter viva a imagem da infância, eternizando-a para todos que acompanham a sua vida. Com isso, o gesto de simbolizarmos esse dia com a presença da mágica da criança é a debutante presentear uma menina mais nova com uma linda boneca.

A passagem da boneca se dá com entrega do presente oferecido pela debutante e, como descrito no parágrafo anterior, mantém sempre viva a imagem da criança na família. O carinho se faz presente no evento, pelo clima gerado pela emoção da cerimônia.

Seguidos os rituais, quero afirmar que não são todas as debutantes que escolhem realizá-los, devido à sua personalidade ou pela otimização do tempo do evento para a balada. Todavia, são rituais lindos e marcantes, quando bem conduzidos.

Retrospectiva ou *making of*: a retrospectiva é sempre um momento que gera emoção, por intermédio das imagens para as quais os olhares estão direcionados, nos telões.

Algumas ressalvas são pertinentes ao tópico, principalmente para que todos entendam a passagem do vídeo.

Simplesmente o que ocorre é que o evento tem uma queda significativa no ritmo, pois as únicas pessoas que se concentram na reprodução das imagens são as que estão diretamente participando do cerimonial. Digo isso porque os vídeos são muito longos e cansativos. Infelizmente, os pais querem colocar todas as fotos dos quinze anos da aniversariante.

O editor de vídeo que o elaborou não consegue orientar a família no sentido de que uma retrospectiva de qualidade deve ter no máximo sessenta fotos, para que o tempo total seja de sete minutos.

Outro ponto que se torna desgastante e desnecessário, pela idade da debutante, são as retrospectivas com vídeos animados, com desenhos animados da Disney, Pixar dentre outros. É muito desagradável ver a cena do Pumba falando da menina ou do macaco do filme "O Rei Leão" levantando um leãozinho na ponta do penhasco para apresentá-lo aos outros animais.

Diante das observações, a retrospectiva tem que vir antes das valsas, pois na sequência a debutante chegará ao momento tradicional e teremos o ritmo subindo. Então, voltamos a manter a regularidade do evento, com os convidados focados no cerimonial.

Eu afirmo que a retrospectiva é pura emoção e saudosismo, por isso concordo em tê-la, mas com o tempo máximo de seis minutos, que é o ideal.

E o MAKING OF, quando ocorre? É opcional e vai ao encontro da personalidade da debutante, pois muitas não gostam de imagens antigas, mas apreciam momentos novos com cenários inesquecíveis e aproveitam o momento para mostrá-los aos convidados. Esse tipo de vídeo é mais dinâmico e rápido. Portanto, caberá à equipe de reportagens administrá-lo, para que não se torne cansativo.

8. VALSAS

O momento mais tradicional da cerimônia é quando a debutante dança com as pessoas especiais e demonstra o significado do BAILE DE DEBUTANTE.

Existe um ritual na sequência das valsas e dos parceiros de dança da debutante, pois todos merecem o reconhecimento pela importância na vida dela.

São oferecidas três valsas, nunca mais de três e, amigo leitor, você entenderá a razão disso a seguir.

A primeira valsa sempre deverá ser do pai, por ser o anfitrião da festa e o responsável pela debutante. Existirão os casos em que a debutante é criada pelo padrasto e é justamente ele que a presenteou com a festa. Diante da situação, ele terá o privilégio de dançar a primeira valsa. Quero reforçar que o mestre de cerimônias, quando está definindo o roteiro, deve perguntar para a menina com quem ela quer dançar a valsa, pois em alguns casos o pai pode estar presente e quer ter o seu direito realizado.

A segunda valsa é aquela em que a debutante dançará com todos que ela queira, mas sempre com um limite para cinco pessoas, pois cada um terá a honra de atuar por um minuto. As pessoas que devem participar são avós paternos e maternos, padrinho de batismo, irmãos e tios (quando a quantidade não ultrapasse o limite informado). Sempre reforço o tema da sensibilidade, pois o mestre de cerimônias não é um anunciador de nomes e sim um contador de histórias com requinte e glamour. Então oriente a família em relação ao desgaste do evento. Sempre enfoque que cerimonial longo se torna inesquecível não pela apresentação, mas pelo tempo de duração.

A terceira e última valsa é destinada à debutante e seu príncipe, que dançarão e, simultaneamente, apagarão as velas, quando se tem o ritual das velas. Essa valsa é a de maior duração, pois os casais participarão do momento, sem exceder, entretanto, quatro minutos.

Referi-me muito ao nome do tema como valsa, mas muitas vezes a debutante escolhe músicas para dançar que são lentas ou românticas, ou até mesmo coreografadas.

9. HOMENAGENS

O próprio nome diz que é o momento da debutante homenagear as pessoas do CORTEJO DE HONRA ou pessoas especiais que marcaram a sua vida.

As homenagens iniciam sempre com os pais, por serem os mais importantes para a vida da debutante e os anfitriões da festa. Nesse momento, a aniversariante lê um texto ou designa para alguém lê-lo. Será função do mestre de cerimônias ser a voz presente da menina.

Na sequência das homenagens, a debutante entregará uma homenagem às avós (paterna e materna), padrinhos, tios e irmãos.

Agora surge a grande dúvida, se a debutante deve ou não realizar a entrega das homenagens aos quinze casais. Digo isto pela questão do tempo que o processo leva e o desgaste, que é alto. Com a minha experiência ao longo do tempo, e a utilizei na festa da minha filha, sugiro aos pais que as homenagens, aos trinta amigos, sejam realizadas ao término do cerimonial, quando ficarão com os fotógrafos para os registros de imagens e a aniversariante terá tempo de se doar mais e expressar o carinho com a lembrança.

10. HOMENAGEM DAS AMIGAS À DEBUTANTE

Nesta década e meia de vida, a debutante conheceu inúmeras pessoas, muitos amigos foram conquistados e alguns querem expressar a amizade por intermédio das palavras e desejam se fazer ouvir. Sempre com muita cautela, antes de autorizar alguém a se pronunciar, questione a assessora ou os pais, já que o mestre de cerimônias é o chefe do cerimonial e discursos podem gerar descontentamento, se forem extensos.

Durante a reunião de definição do roteiro, o mestre de cerimônias deve orientar que o episódio pode ocorrer e os pais têm que estar cientes e, se possível, no período que antecede o evento, investigarem quem falará. É fundamental atentar que adolescente tem seu próprio dialeto e toda preocupação para a forma de expressão deles, por isso tenha sempre a iniciativa de pedir os textos para registrá-los e avaliá-los.

Os pais devem saber que um discurso de adolescente é dinâmico e, entre nós, falam tão rápido que ninguém entende nada. Diante disso, devemos orientar os pais que o texto adequado para a circunstância tem que ser de meia lauda, ou seja, meia folha A4.

O tempo máximo para as homenagens dos amigos é de três minutos para todos. E quando se tem vídeo? O que fazer? O tempo deverá ter o limite máximo acima citado e ninguém mais se pronunciar.

O mestre de cerimônias tem que sentir o seu evento para entender se aquela inclusão de ação não prejudicará o andamento do cerimonial. Se o clima estiver agradável e o público aproveitando os momentos, vale a pena insistir na dinâmica, pois o que temos que oferecer é a alegria, e as pessoas que estão ali fazem parte da festa e da grande noite da menina.

11. PARABÉNS

O mestre de cerimônias convida a debutante, os pais e as pessoas que participaram do cortejo de honra a se direcionarem para trás da mesa do bolo, para que a plateia a saúde cantando os parabéns a você.

O mestre de cerimônias deve iniciar os parabéns? Por que não? Se o profissional sabe a letra, pode começar cantando e parar na primeira frase, quando o público estiver retribuindo com o mesmo gesto. Particularmente, chego a puxar até o é *big* é *big*...

A única coisa que acho muito deselegante é o DJ colocar aquela introdução mecânica dos parabéns de *buffet* infantil ou os "Parabéns" da Xuxa. Isso é lamentável!

12. CORTE SIMBÓLICO DO BOLO

Ao fim da música para a debutante, o mestre de cerimônias apaga a vela comemorativa e realiza o corte simbólico do bolo, sempre com a sua maestria.

13. BRINDE DA FAMÍLIA

Com toda a família reunida, atrás da mesa do bolo, o maître estoura a champanhe ou algo que será servido para brindar a felicidade da menina. Digo algo para beber, pois algumas religiões não permitem bebida alcoólica e, consequentemente, é feito com água, refrigerante. O importante é a simbologia do momento.

14. ENCERRAMENTO

Chegamos ao final do roteiro e do cerimonial, agora é agradecer e parabenizar a debutante e a família.

Depois do encerramento, conselho a quem seguirá a profissão: deixe o restante das interações para o DJ, pois a festa não precisa de mais formalidade e ele saberá conduzi-la com perfeição, já que o mestre de cerimônias é para o cerimonial e a animação da festa é do DJ.

Caso 10 - A debutante nasce uma hora antes da minha estreia como mestre de cerimônias.

Ao contrário dos casos que relatei durante o livro, não vou me dedicar em falar ou analisar possíveis erros ou acertos obtidos durante a minha carreira, e sim sobre algo que me alegrou pelo contexto geral.

Parece até mesmo uma história de ficção, na qual a coincidência se faz presente nos detalhes que relatarei, mas afirmo que a história é verídica. Não sou nenhum autor de novela ou qualquer escritor que escreve um romance especial, mas sim alguém que gosta de retratar e contar os detalhes do que vive no dia a dia.

Nunca imaginei que teria o privilégio de conhecer e apresentar um baile, no qual a debutante nasceu no mesmo dia em que estreei como mestre de cerimônias.

A história inicia com o carinho de uma mãe que me procurou, por indicação de uma amiga que trabalha com eventos, para eu apresentar e celebrar a festa em comemoração aos quinze anos da sua filha.

Uma festa muito esperada pela família e, pelo contexto apresentado, durante a entrevista, muito esforço e dedicação tiveram os pais para realizar mais um sonho da primeira filha.

O espaço para realização da festa, escolhido pelos pais, era próximo do meu escritório. É uma das muitas coincidências, pois não imaginaria a tamanha alegria de descobrir que aquela debutante havia nascido no dia 5 de agosto do ano 2000.

A coincidência foi maior quando descobri a hora em que ela nasceu, uma hora antes da minha estreia como mestre de cerimônias. Ao saber disso, não sabia o que dizer quando a mãe me confidenciou os detalhes.

Era uma surpresa, porque fecharia mais um ciclo das comemorações dos 15 anos e o marco da minha carreira como mestre de cerimônias.

A data da comemoração da festa foi no dia 29 de agosto do mesmo ano: 2015. Todavia, durante a contratação, feita pelos pais, não dava para saber quando seria comemorado oficialmente o aniversário de nascimento da filha. Esse tipo de detalhe fico sabendo apenas na entrevista.

Tudo estava maravilhoso e afirmo que a minha dedicação redobrou, já que era um dia especial, não somente para a minha cliente e sua filha primogênita, como também para mim. Quase um mês depois, comemoraria os quinze anos de uma menina que nasceu ao mesmo tempo em que eu nasci para minha profissão.

Como em todos os bailes de debutante que apresento, tenho processos internos de minha profissão. Realizei o meu ensaio tradicional para a introdução e organização do evento junto aos quinze casais. Na noite da festa, uma nova reunião com para tirar dúvidas pendentes para a realização do cerimonial.

O processo foi realizado. Na festa, fui bem recebido pela família, com um abraço carinhoso da mãe, do pai e também da aniversariante. Um dia muito especial para todos.

Uma decoração muito linda e suave, um ambiente agradável. As pessoas felizes de um lado e do outro, comemorando com os sorrisos em cada rosto. Os olhares brilhavam com tamanha felicidade. Não era diferente de uma pessoa feliz que estava realizando um sonho, já que era a passagem de um ciclo de uma menina se tornando uma jovem mulher.

A noite era especial. Assim, iniciei as minhas atividades. Fui ao DJ para verificar se as músicas estavam no ponto e se poderia iniciar a formação do cortejo de honra.

Uma festa muito bem planejada e organizada. O sonho daquela menina estava sendo realizado com o glamour que é esperado para uma comemoração do porte.

Realizei o último bate-papo com os pais, padrinhos, avós, irmã e também com os quinze casais, para me dirigir ao centro do palco e iniciar a cerimônia. Recebi a confirmação de que a debutante estava pronta e me posicionei para o início do cerimonial. Abri o evento saudando o público com a tradicional "Boa noite". No entanto, frase única e inesquecível, como a primeira que pronunciei.

Meu trabalho estava apenas iniciando, com o cortejo de honra que se faz com a entrada dos pais, padrinhos, avós e de todos que formariam o grande cenário. O privilégio era de alguns pais que apreciariam a entrada dos casais que foram escolhidos para fazer parte dos quinze casais. A cada anúncio de nome, uma grande comemoração, aplausos para queridos amigos da debutante.

Chegou o grande momento: a debutante seria anunciada. O momento em que as pessoas e os familiares querem apreciar a beleza que adentrará, com um novo vestido. É o novo sentido na vida. A magia de ser uma jovem mulher.

O anúncio foi feito e ela, com todo o seu charme, entrou pela porta principal do salão recepcionada pelo seu príncipe e aplaudida pelas pessoas que escolheu para a realização de um sonho de ser uma menina comemorando os seus quinze anos de idade.

Ao chegar, foi abraçada pelos pais. Um abraço duradouro e emotivo, o sentimento indescritível pela circunstância que cerca o coração dos presentes, mas principalmente entre os familiares.

O cerimonial teve o ritual tradicional de uma festa de debutante e, diante da magia que apenas encontramos em um conto de fadas, pude viajar nas palavras e me dedicar ao máximo para demonstrar a importância dos pais e do significado da família. O importante é ver os pais emocionados e a debutante entender o quanto eles são fundamentais para a sua vida na sociedade.

Eu cumpri o meu objetivo. Sempre vivo o evento, mas neste dia vivi muito mais. Junto à família comemorava os quinze anos da debutante que nasceu oficialmente a uma hora do dia do nascimento de um novo mestre de cerimônias para o mercado brasileiro, eu.

Caso 11 - O que vale é o tamanho do coração.

Vamos para mais um caso inusitado da minha carreira, que ficará para sempre registrado nas recordações da menina que comemorava o seu BAILE DE DEBUTANTE.

Era uma noite diferente em São Paulo, pois vivíamos um feriado comemorativo da Revolução de 1932. Estava em mais um dia de muitas atividades, levando a alegria por intermédio das palavras.

Antes mesmo de chegar à festa, já havia celebrado um casamento, na região sul da cidade. Aproveitei para ir direto ao local, que ficava do lado oposto ao qual estava.

O espaço em que o evento estava acontecendo era como minha casa, cheio de amigos, os proprietários são como minha família. Um local novo e muito moderno, um dos mais estruturados da capital paulista, que sempre está inovando para seus clientes.

Ao chegar ao espaço, fui conversar com o dono que, além de amigo, estava produzindo o evento da menina que completava os seus 15 anos na mesma data. Com o roteiro na mão, repassei os detalhes que teríamos na noite mais inesquecível da debutante.

Em uma reunião rápida, conversei com os produtores do evento o que teríamos pela frente e já confirmei os pontos pirotécnicos e de sonoplastia, para que nada saísse errado, e a festa não perdesse a magia e o sonho da menina se tornasse um pesadelo. Mas muita coisa estava por acontecer naquela noite.

A garota subiu para trocar o vestido e me dirigi ao hall de entrada para formar o cortejo de honra. Porém, antes fui avisado de que os artistas responsáveis pela homenagem acabavam de chegar e precisavam se trocar e se preparar para a apresentação. Não atentei sobre o motivo de trocarem de roupas, pois estavam a caráter do habitual das apresentações, que eu sempre prestigio.

Diante do fato de ter que aguardar a debutante trocar o vestido e os artistas se prepararem, coube-me apenas seguir com as orientações às pessoas que comporiam o cortejo de honra: mãe, avós maternos, padrinhos e príncipe.

Recebi a informação de que todos estavam prontos e me posiciono para a apresentação. A cerimônia iniciou seguindo o roteiro proposto. A entrada da debutante foi especial. Em plena avenida na metrópole São Paulo, ela surge nos telões com imagens suas em uma carruagem rosa e dois cavalos brancos à frente, demonstrando a magia e o sonho verdadeiro de uma princesa.

O trajeto foi sendo registrado pela equipe de cinegrafistas e fotógrafos contratados para o evento e eu realizando a introdução, até ela chegar e descer da carruagem, recepcionada pelos dois tios-padrinhos de batismo e crisma.

A debutante foi anunciada e veio ao encontro da mãe. A sensibilidade se fez presente, pois as duas se pareciam fisicamente e na personalidade, devido à linda convivência e amizade que possuíam. Sempre reforço a importância de ser amigo do pai e da mãe, mostrando a essência da valorização da família.

Tudo seguia perfeitamente na noite de comemoração: as lágrimas caíam e o sentimento do amor aflorado nos corações das pessoas que apreciavam a passagem de ciclo da menina.

Lembro, como se fosse hoje, o sorriso e a alegria que ela demonstrava para as pessoas. Por se tratar de uma comemoração tradicional, a debutante realizou a troca dos seus sapatos, os quais foram tirados pelo avô, que se emocionou pelo gesto e respeito por ter a honra e o privilégio.

A mãe se dirigiu ao mezanino para reaparecer com uma homenagem especial. Foi assim que aconteceu a introdução e a garota desceu os degraus da escada, cantando uma música que marcou mãe e filha. Uma emoção única para todos que assistiam ao evento.

Ao término, a mãe colocou uma coroa de brilhantes na cabeça da filha e a apresentou para a sociedade, demonstrando o orgulho de tê-la ao seu lado. Uma noite linda com muitos detalhes, típica de um filme da Disney.

Chegou o momento das valsas e o repertório escolhido para avô, padrinhos e príncipe foi justamente temas dos filmes "Cinderela", "Aladim" e "A Bela e a Fera". Simplesmente, mágico e sensível!

A sensibilidade pairava no ar e ganhou mais emoção com a atração musical especial, oferecida pela mamãe da debutante. Os conhecidos cantores iniciavam as suas canções com romantismo e muito carinho, simbolizando a felicidade da família e da mãe, ao celebrar, com a filha, um sonho único de menina.

De repente, um suspense... Um *blackout* aconteceu e um foco de luz se dirigiu à porta principal. Algo inesquecível aconteceria para marcar definitivamente aquela grande noite.

Quando a porta se abriu, surgiu a cantora interpretando "meu coração, não sei por que... bate feliz, quando te vê...", vestida de um enorme coração e foi em direção à debutante saltitando, gesticulando as mãos e abraçando a debutante com toda intimidade. "Eu sou o coração da sua mãe". "Você estragou a minha festa"

Eu olhei para o telão e vi o rostinho dela fechado, sem nenhuma expressão. Nos lábios, a pergunta: "Mãe, quem é essa?" A debutante, não sabendo onde colocar a cabeça para se esconder de tamanha vergonha da imagem desconcertante e desnecessária oferecida pela própria mãe, e ainda interpretada por artistas famosos e tradicionais. O constrangimento foi muito forte e eu tinha que consertar aquilo que acabara de acontecer.

Quando o grupo musical terminou sua participação, olhei no fundo dos olhos dela e disse que na vida muitos momentos seriam surpresas e que muitos momentos nos surpreenderiam e poderiam nos alegrar ou nos desapontar, porém temos que entender o outro lado, a intenção, o sentimento, pois tudo que nos dão ou nos oferecem é para nos fazer felizes. Aquela homenagem foi para mostrar que todos a amam e o amor não cabia no peito, de tão grande que era. A debutante chorou como uma criança, com muito sentimento e correu para abraçar e beijar a sua mãe.

Aprendi que, independentemente do tamanho do coração, se estiver guardado no peito ou saltitando entre as pessoas, o amor de pai e mãe não tem explicação e cabe a nós, com o dom das palavras, mostrarmos isso para a sociedade. Isso é a valorização da família.

Caso 12 - A debutante se tornou a verdadeira Cinderela.

Acredito que este evento foi o mais inusitado da minha carreira como mestre de cerimônias, em um baile de debutante.

Tudo começou com um convite de um amigo, um dos melhores DJs que eu conheço, para apresentar a festa.

Era uma família alegre. Aliás, o primeiro contato foi com a mãe, que estava encantada com tudo que preparava para a grande comemoração dos quinze anos da filha primogênita.

Tudo era novo, porém um integrante chamava a atenção, justamente porque a família é tradicionalmente europeia e ele integrava o círculo, opinando muito sobre o cerimonial da prima.

Vou dedicar algumas palavras para descrever o integrante da família, principalmente porque é o primo da mãe da debutante. Porém, uma curiosidade se fazia presente, a sua profissão: era cerimonialista na Áustria e sonhava com um cerimonial típico europeu. Então, começou "o grande desafio", na verdade uma grande novela.

Começaram os preparativos. Nos cerimoniais em que trabalho, gosto de me reunir com a mãe e a debutante. No caso específico da família, os pais eram separados, mas adianto que a imagem do pai estava representada pelo ilustre primo cerimonialista.

A primeira reunião é sempre a mais demorada, pois elaboramos o cerimonial e vejo isso como um projeto familiar, já que cada evento tem as suas características. Estávamos eu, a debutante, a mãe e o primo, que sabia que eu era o responsável pelo cerimonial e minha função era oferecer-lhes um evento com dinamismo e emoção, com tudo que fosse necessário para um BAILE DE 15 ANOS.

Depois de aproximadamente duas horas de muito bate-papo, definimos os passos e os tópicos do roteiro que eu seguiria no dia da festa. Não concordei com alguns detalhes, mas foram uma imposição: a questão de pronome de tratamento para as pessoas que comporiam o cortejo e os quinze casais, além da debutante. O cerimonialista me orientou que eu deveria anunciar a mãe como doutora e os adolescentes, como senhores e senhoritas.

Justifiquei que no evento não cabe mais esse tipo de formalidade, decorrente do mundo moderno e da juventude que espera sempre um vocabulário mais condizente com a realidade. Mesmo assim, informei que seguiria as orientações passadas por ele.

De volta ao projeto do baile de debutante, o próximo passo foi conhecer a história da família. Aconteceu aqui um dos momentos que fez com que o evento estivesse nos tópicos dos casos de um mestre de cerimônias.

Realizo um ensaio com as pessoas que participarão do cerimonial. É fundamental que eu tenha qualidade nas minhas apresentações e garanta um evento perfeito e registros fotográficos eficazes.

O ensaio tem que ser no espaço do evento. Infelizmente, na ocasião, não houve a possibilidade de tal ação. Mesmo assim, improvisamos no salão de festas do condomínio no qual moravam a mãe e a debutante.

Creio que, em toda a minha carreira, não presenciei um ensaio tão especial e inesquecível, pois foi utópico e surreal. Era algo que marcaria a vida de todos que ali estavam, principalmente a debutante, que aproveitou o ensaio para celebrar o seu aniversário, pois era justamente o dia exato da comemoração do seu nascimento.

Deixando a festividade de lado, vamos ao ensaio e quem conduziria as orientações, o meu nobre amigo duque e cerimonialista. Ele começou a falar e, a cada palavra proferida, os jovens não davam a atenção que deveriam e, com o tempo e suas observações tradicionalistas, os adolescentes ironizaram, pois não seria o momento nem a época para tantas ações do início século passado.

Por incrível que pareça, eu estava quieto e apenas atento às orientações que ele passava. É sempre fundamental entender o seu cliente. Quando ele está certo tudo vai bem; porém, quando acontece o contrário, cabe ao profissional assumir para que não haja falhas.

Diante da dificuldade de comunicação com os adolescentes, pedi permissão para intervir e passar a eles a sequência do cerimonial. Particularmente, tenho muita facilidade de interação com esse público e me sinto confortável quando me é incumbida a ação.

Após vinte minutos de muita conversa, vendo que estavam orientados e quase preparados, pois no dia é outro clima e ambiente, encerrei o ensaio com uma preocupação sobre como fariam para seguir a forma de entrar com a delicadeza e a classe europeia. Mas eu acreditava naqueles garotos e garotas.

E no dia da festa...

Era um sábado de fevereiro e, no salão, mais de trezentos convidados apreciavam a grande comemoração de uma garota que completava quinze anos de vida.

Tudo estava perfeito e impecável, pois a decoração fora feita exclusivamente para celebrar aquele momento da família. Todavia, algo não condizia com o clima que vivenciávamos. Creio que se esqueceram de avisar o decorador de que o cerimonial seria tradicional, com toques e requintes europeus do século passado.

O espaço escolhido pela família para a realização da comemoração tinha sua estrutura muito moderna e detalhes rústicos, voltados para a natureza e a beleza natural. Os convidados estavam com trajes elegantes, com estilos modernos e joviais. Pelo que observava, contradizia com o que me fora passado pelo cerimonialista europeu e primo da anfitriã.

Lembro que ele fez com que o cerimonial estivesse com os detalhes de tradições europeias e, pelo que vi, não era condizente seguir daquela maneira, ou com tanta rigorosidade, passo a passo. Digo seguir com tanta formalidade e com palavras não mais usuais para público que ali estava, porém o cerimonial não sofreria alteração em sua sequência ou sua ordem.

O tempo foi passando e chegou o momento dos últimos detalhes que antecediam o cerimonial de quinze anos da debutante. Recebi a informação de que ela se dirigiu ao seu camarim para se preparar para o seu BAILE DE GALA. Enquanto isso, eu me dirigi ao hall de entrada com os quinze casais para a formação do cortejo de honra, comigo estava o "grande duque" para as últimas informações aos jovens.

Uma curta conversa com a mãe, avós e padrinhos, para iniciar a cerimônia. Avisei o DJ e a equipe de repórteres fotográficos que estava tudo pronto. A música iniciou e dei o meu tradicional "Boa noite, senhoras e senhores".

Tudo estava perfeito naquela noite: o cortejo de honra feito corretamente com todo o glamour esperado pela família, a debutante entrou com a recepção do seu príncipe, que era o meu amigo duque, e mais um capítulo da história da menina estava sendo contado com cenas que se eternizariam em cada etapa da cerimônia.

Como estávamos seguindo os rituais de um BAILE DE DEBUTANTE, após a recepção da garota, o príncipe a direcionou ao seu trono de princesa, para que ela pudesse se sentar. O avô, representando o pai, trocou os sapatos dela para que o seu futuro fosse de bênçãos e de muitas realizações.

A cerimônia da troca de sapatos iniciou e o mestre de cerimônias, que escreve este livro, fez a introdução e anunciou a entrada dos sapatos. Mas cadê os sapatos? Os sapatos sumiram. A criança que os traria estava posicionada na porta de entrada e não tinha nada em suas mãos. Foi quando eu voltei a falar, improvisando até a assessora providenciá-los.

Senti-me no filme "Cinderela", quando o príncipe sai em busca da garota para calçar-lhe o sapato de cristal e ela se tornar uma linda princesa. Fiquei improvisando por dois minutos, falando do gesto, e nada dos sapatos aparecerem. Até que olhei para o lado e vi uma convidada com sapatos lindos nos pés. Pedi-lhe que emprestasse para aquela criança levá-los à debutante.

Todos viram a cena e não paravam de rir com a minha ação. A minha intuição foi mais eficaz, já que os sapatos serviram perfeitamente na debutante e o objetivo foi cumprido.

Mas a noite teria o seu fechamento marcante, pois tínhamos a dança das valsas e o duque/príncipe teria o seu momento de realização, que realmente foi o mais inesquecível de tudo o que ocorrera no evento.

O salão tinha uma pista de danças muito aconchegante, mas com espaço limitado. Quando anunciei a valsa dedicada a ele, com o cavalheirismo de um duque, a princesa foi conduzida de forma cortês e educada. Mas o mais inusitado foram os passos de dança, totalmente rápidos e longos, com ele levantando a debutante de um lado para o outro, com alternâncias de giros e saltos. Realmente, ele foi eleito o melhor parceiro de valsa da minha história.

A cerimônia teve a sua continuidade e seu encerramento.

O aprendizado foi a minha adequação à cultura de alguém de outra nacionalidade, a aquisição de conceitos clássicos, a prática de criar em situações que não apenas dependem de você, e sim de terceiros, e mostrar que nunca devemos deixar vácuo na cerimônia.

Eu sempre agradeço pelas oportunidades. Neste caso convivi aproximadamente vinte dias com a família, adolescentes e o meu inesquecível amigo duque.

CASAMENTO

Nos dias atuais, principalmente no Brasil, a sociedade está em processo de mudança significativa quando falamos de religião. Os pensamentos das pessoas são muito divergentes e isso gera a diversidade religiosa.

Em décadas passadas, mantínhamos a tradição da noiva entrar na igreja vestida de noiva, com os requisitos que a sociedade exigia. Para a celebração, a presença do padre, na Igreja Católica, e do pastor, na Igreja Evangélica.

Mas o tempo passou e as pessoas aderiram a novas etnias religiosas. Consequentemente, outros líderes foram nomeados para a celebração do matrimônio.

Com essas religiões presentes em nossa sociedade, os casais não mais se encontram em igrejas, templos ou outros locais. Na atualidade, há casos de termos casais com formações religiosas distintas, e talvez nem mesmo possuírem uma ideologia em comum.

É muito natural encontrar casais em que a noiva é católica e o noivo evangélico, ou a noiva evangélica e o noivo ateu, ou o casal ter característica espírita, voltada ao kardecismo, ou até mesmo os noivos são católicos e não desejam se casar na igreja. Existe o casal que é de uma denominação evangélica, no qual o ancião não pode realizar a cerimônia, em decorrência da doutrina definida pela instituição religiosa.

São muitas as combinações para definirmos um casal hoje, mas a nova modalidade cultural vem da modernidade e da aquisição de novos costumes dos mais jovens que, ao longo do tempo, deixarão de lado o tradicionalismo religioso.

Eu mesmo ouvi inúmeras justificativas para minha contratação como mestre de cerimônias. São diversas as explicações, e todas coerentes com a demonstração de que não há mais imposição dos pais sobre os filhos e eles decidem como será o dia mais importante da família, a celebração matrimonial.

Cada casal tem a sua personalidade e busca alternativas para quebrar estereótipos criados pelos nossos antepassados, os quais mantinham cerimônias com ritos repetitivos e cansativos. Porém, os mais modernos querem algo mais personalizado e que possa expressar, diante da celebração, o desejo pessoal e que o cerimonial seja elaborado em conjunto com os profissionais especializados e qualificados.

Surge a necessidade de um profissional neutro e que contemple as características para realização da celebração, mantendo a discrição, os princípios e os valores que a sociedade impõe para a constituição de uma nova família. O mestre de cerimônias é contratado para a atividade e tem a grande responsabilidade de suprir a ausência de um líder religioso, quebrando os paradigmas impostos pelo tradicionalismo. No entanto, para que possa assumir o papel, o mestre de cerimônias tem que se manter isento de qualquer tipo de opinião ou alusão religiosa.

Afirmo que, nos próximos anos, os mestres cerimônias serão mais contratados por serem neutros e se adequarem facilmente ao estilo do próprio casal que o escolheu para a sua celebração. Porém, reafirmo que o mestre de cerimônias deve seguir os princípios éticos da profissão e saber distinguir qual é sua função e qual é a do líder religioso.

Celebrações tradicionais

Na igreja católica, o padre recebe em sua paróquia inúmeros casais e, no mesmo dia, pode ter que celebrar mais de três cerimônias consecutivamente, e nenhuma pode atrasar para não atrapalhar as que vêm na sequência, gerando ônus aos casais posteriores. Quando inicia o cerimonial, o líder segue o ritual de fala e homilias condizentes ao tema matrimônio, de acordo com a bíblia e os ensinamentos religiosos.

Na igreja evangélica não é diferente, a celebração se faz realizar no culto com os fiéis. As palavras do pastor são com discernimento ao que é determinado nas escrituras sagradas e correspondente à denominação religiosa, de acordo com a doutrina da própria instituição.

Os dois exemplos acima são importantes, pois os líderes religiosos farão a bênção das alianças. Vale lembrar que o mestre de cerimônias não tem essa função, por não ser um ministro eclesiástico, ou seja, bênçãos e orações não são pertinentes às suas atividades.

Eu, por muitos anos, fui contra um profissional sem atribuições religiosas realizar a cerimônia de casamento, pela questão de não haver bênção ou orações. A minha cultura tradicional estava enraizada e mudei meu pensamento, pois percebi que havia muito a oferecer aos casais, por saber que o mestre de cerimônias tem o dom e sabe levar, por intermédio das palavras, o que realmente ambos pretendem ouvir.

Em um casamento há outro profissional que tem o poder de celebrar, porém com a chancela de oficializar a união do casal, por intermédio da lei constitucional do nosso país. O juiz de paz é designado, pela Justiça, para realizar a cerimônia no cartório ou outros espaços. Todavia, a diferença é a objetividade dele perante os casais e convidados, seguindo sempre os processos de seu respectivo subdistrito e habilitado apenas para a leitura dos documentos civis.

O Mestre de cerimônias não pode ser o que não é.

O mestre de cerimônias tem outro problema de identificação perante a sociedade, devido às pessoas não distinguirem sua função. Isso decorre do fato de confundirem mestre de cerimônias com cerimonialista de casamento. Como já foi explicado anteriormente, o cerimonialista é a popular assessoria de casamento.

No caso do casamento, a cerimonialista é quem cuidará da organização do evento em geral, inclusive da elaboração do cerimonial, que contará durante o processo com o apoio do mestre de cerimônias, que no dia celebrará o matrimônio do casal contratante.

É fundamental que o mestre de cerimônias mostre o seu significado e sua importância, pois atualmente muitos querem se passar por nós, sem qualificação alguma. Mas garanto que, depois da leitura do livro, muitos se interessarão em se formar como mestres de cerimônias.

Com o crescimento do número de casamentos, o mestre de cerimônias tem o nome da sua função alterado para celebrante, fato que facilita para o contratante entender a nossa real função no dia mais importante do casal.

Mas qual é a função especificamente do mestre de cerimônias no casamento? A resposta é clara e objetiva, celebrar a cerimônia de casamento dos seus clientes, os noivos.

Esse é um tema que, para muitos, é difícil entender, pois o tradicionalismo está enraizado na cultura dos brasileiros e há pouca divulgação do trabalho do mestre de cerimônias. Sendo assim, faz com que sejamos esquecidos quando existe divergência religiosa entre o casal.

O que a sociedade imagina é que o mestre de cerimônias, em um casamento, tem a função de apresentar os noivos, após o retorno ao salão ou na entrada triunfal deles para a respectiva comemoração, posterior à celebração feita em igreja, templo ou algum lugar litúrgico.

O mestre de cerimônias tem a função de celebrar o casamento. Todavia, ganha mais uma atividade, que lhe permite demonstrar a sua verdadeira profissão ao seu público, conduzir a cerimônia, por intermédio de belas palavras, e expressar a importância de reforçar valores e princípios, celebrando o amor entre duas pessoas que se unem na formação de uma linda família.

Então, veja que o mestre de cerimônias tem mais um papel fundamental para a sociedade: realizar a cerimônia de um casamento. Porém, sempre com muita cautela.

Por que digo isto? O mestre de cerimônias não é um líder religioso, e sim um celebrante de casamento. Portanto, nunca poderá ser teólogo, conhecedor da palavra ecumênica ou de qualquer linha religiosa. Outro ponto principal é que, como a cerimônia não tem cunho religioso, o profissional não poderá proferir palavras de bênçãos aos casais, e muito menos na troca das alianças, abençoando-as.

Os noivos são muito conscientes do nosso limite, mas os pais não tão "modernos" exigem a passagem. Cabe ao mestre de cerimônias ser criativo para não ofender nenhum lado das famílias, oferecendo alternativas para a bênção das alianças, como uma canção religiosa, interpretada pelo coral ou por intermédio do som mecânico, ou talvez pedir para que todos orem em silêncio, ou até mesmo profiram juntos a oração cristã do "Pai Nosso", quando o casal é adepto ao cristianismo.

Como sempre digo, o mestre de cerimônias deve ser protocolar e seguir as suas atividades por completo e, em hipótese alguma, deve assumir funções que não condizem com as suas habilidades. Porém, seja criativo e dê alternativas.

O que o mestre de cerimônias não pode deixar transparecer que é um líder religioso, pois os próprios profissionais de eventos o confundirão com um pastor de alguma igreja evangélica. Não é demérito algum ser comparado ao ilustre profissional, mas por ética não se pode assumir algo que não somos.

Como em qualquer profissão, principalmente quando se comunica com o público, a nossa neutralidade tem que estar sempre presente e nunca devemos deixar a nossa opinião ou gostos sobressaírem nas apresentações. Lembre o ditado popular de que em política, futebol e religião, não se pode defender as suas preferências.

Os casamentos para os quais os mestres de cerimônias são contratados acontecem em espaços de eventos, *buffets*, sítios, restaurantes, dentre outros. Ele não pode ser realizado em templos, igrejas ou sinagogas, por terem seus líderes religiosos correspondentes.

O casamento é um evento que possui muitas particularidades e o mestre de cerimônias é o profissional mais qualificado para atender às exigências dos casais, adequando-se ao contexto esperado.

Existem casais que mudam o cerimonial, acrescentando rituais simbólicos para se diferenciar do tradicional, por exemplo, cerimônias das areias, do baú, dos balões, dentre outras. Acredito que todos possuem as suas opiniões e seus desejos e, como contratado, o mestre de cerimônias entende e busca atender às solicitações, mantendo sempre, em suas apresentações, a lógica e as procedências protocolares e, se possível, a fuga do que é proposto pela sociedade.

Explicarei alguns tipos de rituais que os noivos pedem que o mestre de cerimônias realize, em algumas celebrações: indígena, japonesa, cigana, judaica, mórmon, católica, evangélica.

Sidney Botelho

A minha celebração

Cada casamento tem a sua peculiaridade. O mestre de cerimônias busca se adequar ao casal e procura uma metodologia para fazer a apresentação a mais especial possível.

Mas como trabalhar o roteiro para que tenhamos o êxito nas apresentações? SEJA SIMPLES. A simplicidade é algo que o tempo mostra para o mestre de cerimônias.

Como devo agir na cerimônia? Mantenha-se o mais próximo possível do tradicional, para não chocar os mais antigos.

Nas cerimônias de casamento que celebro, inicio quando a noiva está na minha frente e o cortejo de honra já ocorreu. Portanto, o cenário está pronto para que tenhamos uma celebração inesquecível.

Por que inicio a cerimônia quando tudo está pronto? Sinto o clima para a celebração. A música do momento da entrada dá o significado da importância do evento para o público presente. Pais, padrinhos, noivo com a mãe, pajens ou quem seja escolhido foram recebidos com a música e estão emocionados.

Vale lembrar que a definição do cortejo de honra é função da cerimonialista. Apenas, ficamos próximos para orientações pertinentes momento. Com o cortejo pronto, é só tocar a música e os padrinhos, pais, noivo, daminhas e noiva entrarem.

O mestre de cerimônias deve ou não anunciar a entrada de um a um do cortejo? Considero deselegante. A música já tem a conotação e o público sabe o que vem na sequência. A expectativa aumenta a cada alternância musical. Quando o mestre de cerimônias anuncia os padrinhos e os pais, imagino o Silvio Santos anunciando a entrada da noiva: "Lá vem a noiva! Ra-raiiii". Triste e lamentável!

Sobre o tema, sou muito categórico em afirmar: não é protocolar anunciar a entrada das pessoas. O mestre de cerimônias apaga a magia dos convidados apreciarem a pessoa esperada e, além do mais, fica aquele discurso redundante, sem falar da indelicadeza de anunciar "lá vem a noiva".

Com a entrada da noiva, inicio o meu discurso focado nos noivos. Desde que me identifiquei como celebrante, realizo as cerimônias personalizadas e retrato a história do casal extraindo, na entrevista, sentimentos nos momentos vivenciados.

Passo para o casal o que aprendi com a minha família, os princípios da união conjugal, a importância do novo casal para a sociedade, sem ficar preso ao texto, com emoção. Além da cumplicidade, do respeito mútuo e do amor incondicional superando o aqui e o agora. A minha metodologia é focada nos noivos, pois conheço a história e os momentos que viveram. Eu gosto de enfatizar a importância de uma vida a dois e a da família.

Diante dos três pilares, a lógica está pronta para elaboração do meu roteiro cerimonial. Inicio com uma ABERTURA, que é a saudação ao casal, a introdução de como tudo começou e o desejo de estarem ali se unindo para uma vida. Como todo casal possui seus momentos, faço a reflexão e trago situações em que se doaram um ao outro, demonstrando quem são, nos mínimos detalhes, valorizando aquele que nos acolherá e nos confortará com gestos, carinhos e o amor.

Na sequência, a IMPORTÂNCIA do CASAMENTO. As responsabilidades que os noivos terão como casal, deixando de lado o individualismo e mostrando à sociedade que são companheiros, parceiros e que foram feitos um para o outro. Demonstro que as atitudes fazem a diferença no relacionamento. Nas cerimônias que apresento, obtenho as informações do casal e posso criar com as características de cada um, definindo-os como marido e mulher. Por fim, pergunto se querem se casar.

Depois de expor sobre as atitudes para ter uma vida a dois com harmonia, convido à ENTRADA DAS ALIANÇAS e falo da importância do símbolo, que demonstra a união do casal. Os noivos proferem os seus votos e a troca das alianças, símbolo da responsabilidade ilimitada entre os parceiros até o último dia de sua vida. O casal pega as alianças e cada um profere o voto de fidelidade.

Não sou adepto do tradicional "prometo ser fiel, honrar e respeitar até que a morte nos separe", pois é uma frase dita por padres na Igreja Católica. O mestre de cerimônias tem que criar o seu texto.

Quando digo criar, é literalmente escrever um texto, com o perfil e a personalidade do casal: romântico, conservador, aventureiro ou descolado. Assim, o momento íntimo do casal ficará eternizado nos corações e nas recordações.

Não costumo dar a opção dos noivos escreverem os próprios votos. Caso queiram, deixo-os à vontade, mas verifico antes para evitar a possibilidade de alguma ofensa para o companheiro. Como já passei por isso, a precaução é ideal para que tudo saia como o esperado.

Com a troca das alianças, o casal formou uma família. Talvez seja o momento mais agradável da cerimônia. Durante meu contato com os noivos, pergunto sobre os pais para ter a base dos ensinamentos e exemplos que tiveram. O meu objetivo é saber o que proferir, enfatizando a imagem dos pais para o casal e para os convidados.

A cerimônia pode ter caráter de oficialização com a presença do juiz de paz, do cartório local, para realizar a união civil. Quando temos o representante legal, cabe ao mestre de cerimônias conversar com o oficial para definir o melhor direcionamento do trabalho em conjunto, pois são dois profissionais presentes que podem realizar o casamento.

Por entender que a oficialização se faz obrigatória, sempre sugiro a participação do juiz de paz após a minha ABERTURA. Enfatizo o casal e aproveito para convidar a autoridade que ali está, com toda a descrição de seu respectivo cargo, e o escrevente que o acompanha. Assim, dou notoriedade e importância ao seu cargo e sua convocação perante a lei para o evento. Ao término das ações pertinentes ao registro legal, peço a palavra para dar sequência ao meu roteiro.

Gostaria de reforçar aos mestres de cerimônias que sejam cordiais e gentis para não se desgastarem com o profissional.

Combinem o que vão falar para que a celebração não fique longa e desgastante.

Em algumas cerimônias, existirá a presença de um líder religioso, por exemplo, pastor, ministro ou alguém ligado à igreja para a bênção das alianças. É o momento ecumênico que, além de ser algo especial para o casal, é muito importante para a sociedade como família. Portanto, é importante conversar com o sacerdote para entender o que será ministrado e não tornar a cerimônia desagradável ao público.

Uma cerimônia tem que ter no máximo trinta minutos de fala para passar o significado do casamento. Portanto, respeite o tempo, conclua a cerimônia e parabenize os noivos.

Observação: *o tempo acima não contempla cortejos de entrada e saída.*

Algumas dicas para adequação do roteiro de uma celebração: em algumas cerimônias, o celebrante poderá se deparar com a presença de juízes de paz ou líderes religiosos para interagir com o casal. O juiz de paz é representante da lei e oficializará a união. Por se tratar da oficialização, aconselho sempre conversar com a autoridade e entender como será a sua abordagem, para não cansar o público. Atenção, o mestre de cerimônias tem que ser criativo e adaptável, respeitando as demais classes da sociedade. O diálogo é o ideal. Onde colocar a palavra do juiz de paz? Antes da troca das alianças.

O juiz de paz veio confirmar o interesse do casal em se unir e formar uma família. Portanto, colherá as assinaturas e procederá com a leitura da certidão de casamento dos noivos. Ao término, agradeça a presença da autoridade e prossiga com a cerimônia.

O líder religioso é uma autoridade respeitada pelos seus princípios bíblicos e de formação de opinião. Além de ter o carinho dos noivos e da família. Sugiro colocá-lo após a troca das alianças, pois é o mais aconselhado para refletir sobre as ações do futuro casal.

Como adoro fazer a troca de alianças e ver a felicidade do casal, deixo o líder religioso para entrada posterior. Creio que a minha condução se completa com as palavras ecumênicas. Mas fica a critério de cada mestre de cerimônias.

Não muito diferente do juiz de paz, é muito importante dialogar com o líder religioso para conhecer o seu discurso e o tempo que levará, para que não desgaste o público presente.

Observação: *os anciãos da Congregação Cristã do Brasil não autorizam registros de suas reflexões, ou seja, cabe a nós observarmos os repórteres cinematográficos para que não façam gravações.*

Outra dica que quero passar é a questão de fundo musical quando o mestre de cerimônias se pronuncia. Não uso o recurso, pois atrapalha quem está ouvindo a cerimônia. As pessoas do fundo do salão, do templo ou do lugar em que estamos não entenderão as palavras, já que o som do instrumento musical pode soar mais alto que a voz, principalmente do casal, que muitas vezes não tem a técnica da oratória apurada. O mestre de cerimônias deve ser consciente desse detalhe: querendo ou não, ali acontece uma celebração e não um programa romântico de rádio FM.

A celebração do casamento realizada pelo mestre de cerimônias ganha espaço na sociedade, por isso, quem assumir a profissão, que a faça uma das mais nobres possíveis, com a mesma maestria dos demais eventos que conduzem, com qualidade, espontaneidade e criatividade.

Caso 13 – A sensibilidade na descrição do amor.

O mestre de cerimônias é um profissional versátil, que consegue estar com diversos públicos e vive situações que o fazem feliz em usar o dom da comunicação.

A forma de se comunicar com as pessoas vem ao encontro da maneira com que vê a vida e aproveita o seu tempo diante daqueles que participarão da sua carreira, clientes ou espectadores.

Sou consciente de que não adianta apenas apresentar, sem vivenciar aquilo que está passando no momento. Logo, sou grato em poder compartilhar histórias que marcaram a minha vida profissional. O que me deixa triste é não poder escrever as mais de trezentas cerimônias que celebrei nos quinze anos de carreira.

Diante dos eventos que pude apresentar, o próximo foi um dos mais românticos de todos, não na questão pureza, mas na dedicação e amor pela vida de um e do outro.

Tudo começou quando ainda estudavam no curso de engenharia de uma grande universidade da cidade de São Paulo. A coincidência foi grande, pois ambos fizeram parte do grêmio acadêmico, como atletas, e pouco conversavam naquele período escolar, devido pertencerem a turmas distintas.

O dia da formatura chegou, comemoraram sem ao menos interagir e, como os demais colegas, seguiram caminhos distintos, constituíram a própria vida e, por ironia do destino, cada um seguiu o seu caminho e os corações estavam livres para um novo relacionamento.

Mas, como em tudo na vida, o destino sempre volta à sua rota natural. Com os anos, depararam-se em uma sala de reuniões de uma empresa: de um lado ele, defendendo a respectiva; de outro ela, representando argumentos profissionais que contradiziam os dele.

O embate profissional foi suficiente para que os dois recordassem que havia algo em comum. Ao término da reunião, caminharam para outros afazeres. Mas, diante do bebedouro, um olhou para o outro, e a empatia uniu-os fazendo perceber que haviam estudado na mesma universidade.

Como bons profissionais, foram para as suas respectivas atividades. No entanto, os contatos se tornaram frequentes.

Os dias passaram e a ansiedade de ver a pessoa, especial e amiga, aumentou. O desejo ficou mais forte e incontrolável. Um dia, saindo das empresas correspondentes, o telefone tocou e ouviu-se uma voz suave do cavalheiro convidando a dama para um encontro. O convite a pegou de surpresa, ela não se conteve e foi ao local marcado: o estacionamento de um hipermercado, na região metropolitana de São Paulo.

Para eles, não importava o local, e sim a companhia. Era algo único e inesquecível para os dois, pois nascia a paixão. O encontro foi o primeiro de muitos e aproveitavam cada minuto juntos.

Na vida sempre teremos aprendizado e devemos acatá-lo com dignidade. O aprendizado do casal viria em forma de adversidades. Infelizmente, ela estava com uma doença terminal e não saberia o que fazer para dar sequência à sua história.

A informação mexeu com os dois, mas o amor pode tudo quando se deseja a pessoa ao seu lado para a eternidade. O jovem rapaz, sabendo que era uma pessoa que acabara de chegar, não quis gerar dúvida ou preocupações para a sua amada e, juntos, começaram a batalha contra a doença.

Como estavam juntos há poucos meses, a insegurança dela em interromper a felicidade dele a incomodava, deixando-a ainda mais angustiada com a situação. Mas o amor vence tudo. Quando o casal se ama verdadeiramente, estar presente faz parte das realizações e é a prova do sentimento que se possui pela outra pessoa.

Os exames iniciaram e ela o ignorava, enxotava, maltratava. Mesmo assim, ele não a deixava sozinha em nenhum momento da luta a favor da vida. Como na vida tudo é questão de sabermos aprender com as situações apresentadas, eles superaram a dificuldade e ela pôde gozar de uma saúde plena e feliz.

A felicidade veio com o casamento e a oficialização da união entre duas pessoas que se amam. Para celebrar, fui contratado para o casamento e pude conhecer a história linda do casal, participando de um momento único da vida deles.

No dia da cerimônia, retratei a trajetória deles e, em nenhum instante da minha apresentação, informei que passaram por problemas de saúde. Escrevi sobre a vida e o cuidado dele com ela.

Uma passagem do meu texto escrito para a cerimônia, que uso de exemplo para extrair sentimentos dos casais, é a forma de renúncia do noivo para estar ao lado da noiva. Em todos os momentos, ele permaneceu ao lado dela, segurando a sua mão fortemente, enquanto ela estava no leito do hospital. Ele apenas saía para se banhar, alimentar-se, deixou de lado seus afazeres para viver intensamente os momentos que poderiam ser os últimos da sua amada. Hoje vivem felizes, com filhos saudáveis e muita energia que as crianças podem nos proporcionar.

O caso apresentado tem como objetivo ilustrar o quanto o mestre de cerimônias tem que ser participativo, porém com muita sensibilidade nas palavras. Não podemos trazer de volta a tristeza, mas reforçar a alegria e a forma de viver em constante harmonia.

Caso 14 - O casamento mais "engraxado" que apresentei.

Acredito que muitos mestres de cerimônias tiveram, ao longo da carreira, histórias que os marcaram positiva ou negativamente.

Este caso é a forma de expressar que a criatividade deve sempre prevalecer em nossa profissão, diante das circunstâncias que passamos, e tudo resultará em amplo desenvolvimento do improviso.

Os meus amigos, clientes e parceiros, sabem que uma das características mais apuradas que possuo é a facilidade de improvisar nos eventos em que me apresento. Dificilmente utilizo recursos de texto para as minhas cerimônias de casamento ou qualquer outra modalidade.

Esse tipo de aptidão se adquire com o tempo, e não será de um dia para o outro que o mestre de cerimônias levará um evento de duas horas, ou que seja de apenas uma hora, no improviso, utilizando recursos de nomes ou dados técnicos da apresentação.

Diante da minha facilidade, a cerimônia em que o meu lado cineasta ou autor de novela falou mais alto quero compartilhá-la agora com o meu leitor. Afirmo que foi a história mais hilária que presenciei.

Era mais um evento comum de trabalho. Na época, exercia o meu ofício de analista de sistemas em uma grande empresa espanhola da área de telecomunicações. Saí do escritório e me dirigi à residência do meu cliente para a tradicional entrevista de casamento. Nos cerimoniais, tenho a atitude de me reunir com os noivos para conhecer suas histórias para escrever o texto que será utilizado na celebração.

Para quem conhece São Paulo, saí do centro para a cidade de Guarulhos, no horário de pico, ou seja, o trecho leva aproximadamente uma hora e meia para ser concluído. Cheguei ao local no horário combinado e fui recebido pelo casal, com uma simpatia inigualável e humildade raramente encontrada no nosso ramo.

Comecei a entrevista com a elaboração dos tópicos que levo nas cerimônias, para entender que tudo estava em comum acordo. Principalmente para conhecer a origem da família e entender os valores que os pais passaram para o casal ao longo do período de educação e orientações.

O roteiro estava pronto para que pudesse iniciar as perguntas referentes à história deles. Todavia, a noiva pedia para que o noivo contasse como se conheceram e, diante dos desencontros de pedidos de um ao outro, ele começou a me contar. "Bem, Sidney, eu possuía um comércio na rodovia Presidente Dutra, sentido São Paulo - Rio de Janeiro, no qual fazia manutenção nos pneus dos automóveis que ali paravam. Era mais um dia comum de trabalho e o movimento tranquilo, sem muitas pessoas circulando e muito menos com problemas em seus veículos." A noiva dava gargalhadas...

Ele seguiu a história: "Sidney, você sabe como é a vida. Todos os dias, eu estava lá. De repente, passa na frente da minha borracharia uma linda garota e o instinto masculino é mexer e eu, com espontaneidade, assobiei para ela e fiz '"fiu"'. A história era legal e interessante e ele continuava a me contar. "Ao ouvir o meu assobio, ela deu uma risada um pouco tímida e eu a chamei para entrar. Ela entrou e sentou nos pneus que eu tinha como poltrona, onde deixava para acomodar os meus clientes."

Eu interrompi, dizendo "que moderna a decoração". E ele continuava a me contar a sua conquista. "Ela estava sem graça, mas ao mesmo tempo feliz, e conversávamos sobre vida e de onde ela era. De repente, eu a agarrei e dei-lhe um beijo..." Eu ri e perguntei: "E depois disso?"

Acredite, eu não sei por que perguntei, pois ela me respondeu assim: "Sidney, foi mágico! Lindo e maravilhoso! Lembro como se fosse hoje. Eu saí cheia de graxa de lá". Eu fiquei muito assustado com a resposta e interrompi a entrevista, pois eu, verdadeiramente, estava sem graça e disse que já havia colhido as informações necessárias para elaboração do meu roteiro cerimonial.

Com a entrevista encerrada, fui para casa pensando em como trabalhar uma celebração com uma história tão inusitada como a daquele casal. Diante de tudo que ouvi e assimilei, não podia passar para o público a história daquela forma e com os detalhes, pois me sentiria o autor teatral Plínio Marcos apresentando o casamento.

Sentei para escrever o texto que continha a seguinte versão: "Ele estava em seu ambiente de trabalho, exercendo o seu ofício, que era em uma movimentada rodovia da metrópole chamada São Paulo. Foi quando, no seu momento de descanso laboral, apreciava a paisagem e a movimentação da rua. De repente, surgiu à sua frente uma das mais lindas imagens que ele já pôde apreciar: você, noiva! Ele sinalizou o interesse através dos lábios e dos olhares que se cruzaram, agradando um ao outro. Ao perceber que havia algo especial no comércio, você, noiva, entrou e começaram a conversar com os corações batendo mais forte. Surgiu o primeiro beijo que marcou o início de um grande amor, o qual celebramos no dia de hoje."

Editei o texto original para não ficar longo o caso. Quero mostrar que o mestre de cerimônias tem que ser polido para não ser indiscreto e ofensivo, pois as palavras têm peso e tudo que for falado ficará eternamente registrado nas recordações das pessoas. A sensibilidade é fundamental para a profissão. Não adianta o profissional ter técnica se não viver o evento, entendendo o seu cliente e o seu público.

Eu vivo todos os públicos, podem ser da classe A ou E, o que me importa é a doação e a entrega do casal, para que as informações sejam reais e verdadeiras. O mestre de cerimônias, ou melhor, o celebrante, deve ser isento de opiniões e julgamentos, pois somos formadores de opinião e a nossa mensagem mudará a vida das pessoas às quais venhamos nos apresentar.

Caso 15 - Constrangimento religioso, congregação e católico.

Chego ao décimo quinto caso e muito foi contribuído para o desenvolvimento pessoal e profissional de cada pessoa que aprecia o livro. E para a última história, falarei da importância de estar presente no evento e conhecer a cultura e os valores da sociedade.

Nos primeiros parágrafos do capítulo, denominado TIPO DE EVENTOS: CASAMENTO, teci vários comentários referentes à questão, que pode ocorrer com frequência nas cerimônias que venham a celebrar. Lembrem-se de que, hoje, a comunidade brasileira está diferente quando o tema é religião.

O crescimento da carreira de mestre de cerimônias, em um casamento para celebrar, gradativamente, aumentou com os anos e a divergência religiosa entre os noivos também. Os casais buscam alternativas para que o evento não permaneça no tradicionalismo enraizado pela sociedade. Outra razão é o noivo pertencer a uma religião e a noiva, a outra.

O caso demonstra, verdadeiramente, com o que o mestre de cerimônias deve se preocupar quando há divergência religiosa entre o casal e os seus familiares. O tema é importante para o mestre de cerimônias, pois entender as religiões e suas doutrinas lhe dará a sabedoria para conduzir situações que surgirão ao longo da carreira.

Existem diversas religiões e o mais natural, no Brasil, é o casal ser formado por um evangélico e um católico, sem querer convidar o pastor ou padre para a celebração, principalmente pela interpretação das palavras bíblicas.

O mestre de cerimônias não é um líder religioso. Nas celebrações, a neutralidade deve prevalecer, não tecendo comentários ecumênicos, defendendo teses em versículos da bíblia ou abençoando o casal. Isso ficou claro para o profissional de cerimoniais, porém se deve distinguir a função para não ser comparado a pastores e padres.

Tudo começa com o processo de negociação quando o casal me contata pelas redes sociais, que é o melhor meio de comunicação. Agendamos uma reunião para apresentação da metodologia de trabalho e o conhecimento do cliente.

O casal era membro da Congregação Cristã do Brasil, cuja doutrina o ancião não pode celebrar o casamento, apenas orar nas reuniões familiares ou durante a cerimônia do matrimônio. O mestre de cerimônias ou juiz de paz realiza a apenas a apresentação da cerimônia. O casal era tradicional e seguia à risca a palavra cristã, de acordo com a cultura de sua instituição. Portanto, expressei conhecimento sobre a respectiva igreja e o domínio do que é permitido ou não, tornando-me apto a ser contratado para a cerimônia.

Com a negociação encerrada e a contratação efetivada, elaboramos o roteiro da celebração. Abordamos o tema religião, principalmente porque o dia contaria com a presença de integrantes da igreja para orarem pelo casal.

Por não ser um líder religioso, o mestre de cerimônias não pode orar. Logo, a liderança faria a oração após a troca das alianças, abençoando o casal. O detalhe importante foi que o casal me informou que seriam três que se dirigiriam ao púlpito e, quem se sentisse em unção, oraria por eles no momento posterior à troca das alianças.

Chegamos à cerimônia e tudo estava perfeito para o dia mais importante do casal. Como é comum no meu trabalho, interagi com os profissionais que estavam envolvidos com a cerimônia para entenderem o que seria realizado durante o evento.

A cerimônia começa e os padrinhos, ao fundo musical do coral contratado, entram, compondo o cortejo de honra e ocupando seus respectivos lugares. Na sequência entrou o noivo, aplaudido pelas pessoas. Notei que seu carisma o fazia uma pessoa benquista.

Apesar dos aplausos para o noivo, a entrada da noiva foi triunfante. Como acontece em qualquer cerimonial religioso. Com os noivos no altar, iniciei a cerimônia falando sobre a importância do casamento, convidando à entrada das alianças e proferindo os votos de fidelidade do casal.

Com o clima de amor no ar, os três integrantes da igreja seguiram ao palco para realizarem a oração. O cooperador da igreja estava indeciso e passou o microfone para o segundo, que não estava confortável, e o entregou para o terceiro. A alternância permaneceu por dois minutos e houve um silêncio entre os convidados. O pai da noiva, percebendo que ninguém tomava a iniciativa de orar, puxou o microfone e disse: "Já que ninguém quer orar, eu vou rezar por eles e convido todos a fazerem o mesmo comigo. Ave Maria, cheia de graça..."

O público ficou constrangido diante da oração realizada e da atitude do pai da noiva. Os três amigos, pertencentes à outra igreja, pegaram o microfone e seguiram seu ritual, com todos se ajoelhando e orando em prol dos noivos.

Ao término da oração, retornei às minhas palavras reforçando a importância da família, através da belíssima história do casal. Mudando, portanto, o foco da "guerra religiosa" que ocorrera minutos anteriores.

O caso demonstra os cuidados que o mestre de cerimônias tem que tomar durante a celebração:

1. Mesmo pedindo o nome da pessoa que realizaria a oração, o casal omitiu e gerou o clima negativo durante a cerimônia. Em hipótese alguma, deve-se permitir uma indefinição na apresentação;
2. Se há divergência religiosa, deve-se vetar qualquer tipo de manifestação, orientando os familiares mais próximos a não interferirem;
3. Faltou ação mais enérgica por minha parte, pois poderia restringir e ter contornado. Porém, é algo muito preocupante, devido a ser algo desejado pelo casal contratante;
4. Sempre que chegar a um cerimonial, deve-se interagir com as pessoas que farão uso da palavra para haver uma sinergia durante a celebração.

A experiência que obtive me deixou mais rigoroso sobre a definição do meu roteiro cerimonial. Acredito que o mestre de cerimônias é contratado para conduzir, mas é preciso seguir regras e os casais/clientes devem entender que são para conseguir o melhor do evento.

Mesmo diante dos problemas, mantenha a alegria, a emoção e o que a você foi proposto fazer, ou seja, transmitir o amor de duas pessoas que formaram uma linda família.

CONCLUSÃO

O tempo passou e ficará a saudade de tudo que vivi. Após quinze anos de carreira, foram muitos os aprendizados e muitas as conquistas. Quando comecei, não sabia o quão importante seria o meu desenvolvimento.

Afirmo, de coração, que a profissão de mestre de cerimônias é uma das mais nobres que existe, pelo charme, pela magia de ser o interlocutor de pessoas que não sabemos quem são, mas que merecem a valorização e o carinho.

O mestre de cerimônias tem muitas possibilidades de trabalho, mas se especializar é raro para o profissional que a exerce. Quando decidi escrever o livro, queria mostrar o que o mestre de cerimônias encontraria "Além do Microfone".

Hoje a comunicação modernizou. Com o advento e as inovações das redes sociais, a globalização possibilitou que as pessoas entendam de tudo simultaneamente e, ao piscar os olhos, o conhecimento fica obsoleto. Para o mestre de cerimônias, não foi diferente. ou se adéqua ou ficará inapropriado ao mercado.

O conhecimento foi o principal requisito para me tornar o profissional que me tornei. Graças ao aprimoramento técnico que obtive com a vivência do dia a dia, nas oportunidades em que utilizei a linguagem que meu cliente desejava ouvir, adequando-me em cada situação e aprendendo o mais importante, improvisar.

O mestre de cerimônias tem que saber lidar com públicos heterogêneos e isso não é fácil para um comunicador, pois envolve variáveis que podem ajudar ou atrapalhar a sua apresentação.

Nestes quinze anos, são mais de três mil eventos apresentados na minha carreira de mestre de cerimônias, nos quais me apresentei para os mais variados públicos possíveis e de diversas classes sociais e intelectuais, sempre com a mesma alegria. Quando digo alegria, é a capacidade de mudar a vida das pessoas através das palavras proferidas.

Mas não é fácil alcançar o êxito nos eventos, o aprimoramento deve ser contínuo. Em uma COLAÇÃO DE GRAU, temos a seriedade da conclusão de um objetivo acadêmico, a emoção e a euforia de querer festejar, além da alegria e do orgulho dos pais e familiares. Mas temos que seguir as regras, com harmonia e carinho nas palavras, sem que seja necessário manter o ar do cerimonial engessado e nada dinâmico.

No BAILE DE GALA, a felicidade se faz presente desde a chegada dos formandos e seus convidados. Diante das circunstâncias que cercam a noite de comemoração, o mestre de cerimônias tem que se sentir muito presente para que não ofusque, com suas palavras, o contagiante momento que toma conta daqueles que estão apreciando o êxito dos concluintes.

No BAILE DE DEBUTANTE, o mestre de cerimônias tem que conhecer o processo e a dinâmica do evento, para que suas palavras se unam aos momentos vividos pela garota que comemora os seus quinze anos. O profissional do microfone tem que se adequar ao perfil da família, da festa e do público que assiste à cerimônia, senão será apenas mais um anunciador de nomes.

No CASAMENTO, descobri a essência de fazer as pessoas felizes. Não há uma receita para o bolo, mas a emoção de proferir as palavras que vêm do coração. O maior presente aos noivos é sentir que são bem recebidos como uma nova família e que são amados por aqueles que os cercam.

No EVENTO CORPORATIVO, o mestre de cerimônias tem simplesmente de conhecer o público, o produto, o serviço, os valores e a missão da empresa, para servir como base para qualquer tipo de improviso que fizer. O profissional tem que se sentir à vontade com o roteiro para que possa improvisar com sabedoria sem descaracterizar o evento.

O mundo mudou e a forma de se expressar também. Não há mais espaço para o mestre de cerimônias com voz impostada, sem fluidez, sendo apenas uma ferramenta de leitura de roteiro ou textos pré-definidos.

Hoje o mercado de eventos pede um profissional com habilidades diversas para qualquer situação. Nenhum segmento aceita aventureiros sem preparação e a experiência vem com o tempo de prática, não apenas com teoria.

Tudo que escrevi foi com base no meu dia a dia. A teoria sempre existiu, mas o que demonstra o potencial são as circunstâncias dos momentos em cada evento vivenciado.

Nos eventos descritos, simulei as situações que o mestre de cerimônias terá com o exercício da profissão. Afirmo que a dinâmica apresentada é para que o evento tenha qualidade e seja prático, mas sem perder a essência, que é cumprir o objetivo de informar e emocionar, em suas peculiaridades.

Acredito que ser mestre de cerimônias é saber ter postura, técnica, comprometimento, conhecimentos cerimonial e protocolar, conhecer o seu público, saber que, mesmo na condução do evento, conhecê-lo como um todo, como um gestor e não somente um apresentador.

"EU VIVO O EVENTO", frase que eternizei com os anos de profissão. A entrega é mais importante do que encerrar o evento apenas por encerrá-lo. O resultado é crer que a satisfação venha com um aperto de mão de um empresário, o sorriso de um jovem acadêmico, as lágrimas de pais e familiares, o brilho do olhar de uma debutante e as mãos dadas do casal que forma uma família.

Quando fui convidado a seguir na profissão de mestre de cerimônias, eu apenas queria ser visto para ser um grande comunicador, mas os cinco primeiros eventos me mostraram que o melhor prêmio que receberia seria apreciar a felicidade das pessoas.

Hoje sou feliz, porque curto, compartilho, divirto-me e cumpro meu dever de comunicar e fortalecer a cada palavra proferida, o que os comunicadores deveriam fazer, gerando a paz, a harmonia e a alegria entre as pessoas.

O bom da profissão é que nenhum evento é igual ao outro e, mesmo que o roteiro seja semelhante, o público é diferente e a atmosfera criada faz com que criemos a cada fração de segundos.

O mestre de cerimônias não pode se prender ao texto pré-definido, mas ser original, autêntico, mostrando assim a diversidade do seu talento.

O diferencial se faz com atitude e ação. Em qualquer profissão, o destaque se dará por doação e dedicação, independente das técnicas adquiridas. O amplo treinamento o fará mais tranquilo, seguro, passando credibilidade aos contratantes.

Credibilidade se conquista, não se compra. Então, busque o seu espaço, seja um mestre de cerimônias completo, brinque com as palavras, escreva, leia, comunique-se, seja alternativo com tudo e todos. O resultado será o sucesso e o reconhecimento.

O sucesso não consiste em ser melhor que o outro, é saber que você chegou ao seu extremo e ao seu limite e, diante do seu esforço, obteve a satisfação de que o dever foi cumprido: o de transformar vidas por meio das suas palavras. Isso é mestralizar!

E a mim só cabe agradecer a você, por me dar a oportunidade de expressão por intermédio deste livro, escrito com a minha visão. Acredite que tudo que escrevi foi o que verdadeiramente vivi nas tribunas e nos palcos dos inúmeros auditórios em que estive.

Seja sempre feliz e use as palavras com sapiência, VIVA O EVENTO e vá ALÉM DO MICROFONE!